교사
인문학

교사 인문학

글	황현산 나희덕 함돈균 김흥규 이도흠 박수밀 정성헌 조성룡
기획	실천적 생각발명 그룹 시민행성, 전국국어교사모임
펴낸이	최승구
펴낸곳	세종서적(주)

편집인	박숙정
편집장	강훈
기획·편집	윤혜자 이진아 김하얀
디자인	전성연
마케팅	김용환 김형진 이강희
경영지원	홍성우

출판등록	1992년 3월 4일 제4-172호
주소	서울시 광진구 천호대로 132길 15 3층
전화	영업 (02)778-4179, 편집 (02)775-7011
팩스	(02)776-4013
홈페이지	www.sejongbooks.co.kr
블로그	sejongbook.blog.me
페이스북	www.facebook.com/sejongbooks
원고 모집	sejong.edit@gmail.com

초판 1쇄 인쇄 2016년 12월 29일
1쇄 발행 2017년 1월 5일

ⓒ 실천적 생각발명 그룹 시민행성, 2017

ISBN 978-89-8407-602-0 03370

이 도서의 국립중앙도서관 출판시도서목록(CIP)은 서지정보유통지원시스템
홈페이지(http://seoji.nl.go.kr)와 국가자료공동목록시스템(http://www.nl.go.kr/kolisnet)에서
이용하실 수 있습니다.(CIP제어번호: CIP2016031247)

• 잘못 만들어진 책은 바꾸어드립니다.
• 값은 뒤표지에 있습니다.

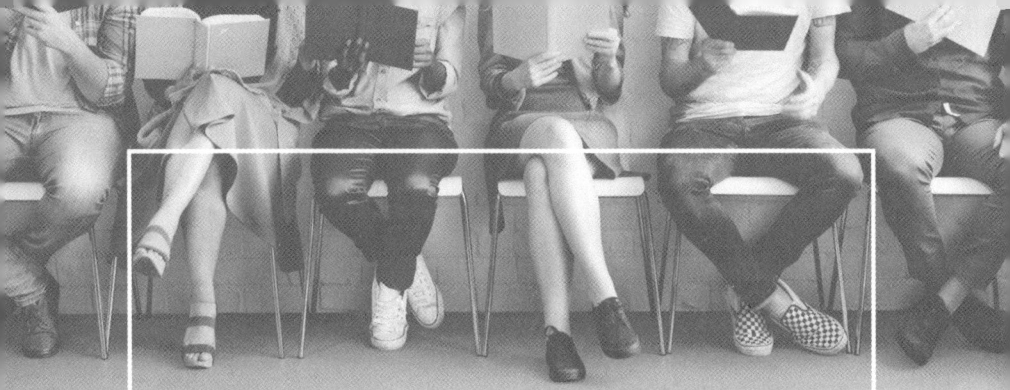

다음 세대를 **'생각하는 시민'**으로 키우기 위해
교사들이 던져야 할 8가지 질문

교사 인문학

"교사, 교사를 공부하다"

글
황현산 · 나희덕 · 함돈균 · 김홍규
이도흠 · 박수밀 · 정성헌 · 조성룡

기획
실천적 생각발명 그룹 시민행성
전국국어교사모임

세종서적

prologue

'생각하는 시민'을 키우는 교육이 미래 교육의 목표다

　이 글을 쓰고 있는 오늘은 공교롭게도 대한민국 18대 대통령 박근혜 대통령에 대한 탄핵안이 국회를 통과한 날입니다. 일련의 과정에서 우리는 이 비극적인 현실에 관료와 정치인, 기업인, 언론과 사법제도 등 국가와 사회를 지탱하는 많은 분야의 인물들이 광범위하게 연루되어 있음을 목도합니다. 여기에는 부정한 사태에 직접 개입하지 않았다 하더라도, 오작동하거나 전혀 작동하지 않는 국가 시스템 속에서 이루어진 거대한 방조와 상명하복, 묵인의 카르텔도 큰 역할을 했습니다.

　그러나 사태를 발본색원적으로 성찰해 본다면, 비극의 뿌리는 우리가 생각하는 것보다 더 단단하고 더 광범위하며 무의식적인 개인 일상의 층위에까지 퍼져 있는 것은 혹시 아닐까요. '선출권력제도인 대통령제 하에서 발생한 이 사건은 절반 이상의 국민이 그를 선택했다는 정치적 선택과도 연관이 있지 않은가?'라고 묻는다면, 이는 분명히 지나친 것이며 많은 시민들이 불쾌해할지도 모르겠습니다. 그러나 지금처럼 나라가 누더기가 되었다고 할 만한 '비상시국'에서는 그에 걸맞은 비상한 질문이 필요하다는 점에서 일부러라도 제기해볼 만한 질문이라 생각합니다. 이 질문은 특정한 선거하에 이루어진 시민의 정치적 결정 자체를 문제 삼으려는 것이 아니라, 역사와 공동체 전체의 삶을 좌우할 중요한 선택에서 지금 우리 사회에 작동하는 시민의 판단력이 충분한 지성적인 근거를 가지고 있는지 반성적 차원에서 꼼꼼히 살피는 '생각의 과정'이 필요하다는 취지이기 때문입니다.

한국현대사에서 가장 충격적인 사건 중 하나로 기록될 것이 분명한 2014년 4월 세월호 사건은 공동체 구성원들에게 '이것이 과연 나라인가'라는 피할 수 없는 질문을 던졌습니다. 그러나 이루 말할 수 없는 끔찍한 비극을 겪으면서도 우리 사회는 지난 2년간 끝내 그 질문을 좀 더 깊이 있고 다각적이며 끈질긴 방식으로 묻지 못했으며, 질문에 대한 적절한 해결책을 모색하지도 못한 채, 다시 한 사회구성원으로서 이런 모욕적인 시간을 맞이했습니다. 이토록 총체적인 국가 파탄의 상황에서 대두되는 질문 역시 '이것을 과연 나라라고 부를 수 있는가' 하는 것입니다.

그러나 이런 사태를 단지 특정 정치권력의 탓이라고 이해하는 일이야말로 지금 시점에서 가장 경계해야 할 일이 아닌가 생각합니다. 어쩌면 일련의 사태는 더 이상 미룰 수 없음에도 불구하고 해결을 회피해온 우리 사회의 온갖 누적된 폐해들이 터져 나온 '나쁜 종합선물상자' 같은 것이기 때문입니다. 이 시간은 사회구성원 모두가 각자의 자리에서 자신과 이 시대 삶의 방식을 반성해볼 최후통첩 같은 기회일지도 모르겠습니다.

특별한 인문사회과학적 지식이나 식견을 가지고 있지 않더라도 우리는 잘 알고 있습니다. 이 시간 우리가 대면하는 것은 더 이상 작동하지 않는 대한민국이라는 시스템 전체의 파탄을 직시해야 한다는 사실이며, 우리 모두가 이 사태에 책임의식을 가질 필요가 있다는 것입니다.

〈실천적 생각발명 그룹 시민행성〉은 '생각할 때 시민이다'라는 명제를 내걸고 2012년 대선 직후 만들어진 인문조직입니다. 인문학자·작가·예술가·출판인 등이 주축이 된 이 모임은 최근 우리 사회에 불어온 인문학 열풍이 시대정신과 긴밀히 연관될 수 있는 창의적이고 실천적인 방법론으로 심화·확산되기를 바라며, 인문정신의 공공성을 모색하는 '인문 운동'을 전개해왔습니다. 그중에서도 공동체의 삶과 철저히 유리된 지식의 상품화, 제도교육의 공공성 상실, 시민교육의 부재와 시민 사고의 자동화 현상에 따른 사회적 성찰 능력의 저하 등을 심각한 사회 상황으로 인식하면서, 이에 대한 인문적 대안을 모색하기 위해 작지만 나름의 노력을 해왔습니다. 시민행성은 우리 사회의 상황이 더 이상 기존 프레임이 작동하지 않는 총체적으로 고장 난 사회라는 인식에서 출발했으며, 새로운 사회 프레임을 모색하는 일이 필요하다는 절박한 인식을 내내 가져왔습니다.

그러나 어디에서부터 어떻게 출발해야 하는 걸까요? 시민행성은 그 방법을 근본적인 의미에서 '인문정신'이 작동하는 사회에 대한 모색에서 찾고 있으며, 구체적으로 '생각하는 시민'을 키우는 '시민 인문교육'을 이 사회의

긴급한 현안이자 한국 미래 교육의 핵심으로 생각하고 있습니다.

이 책은 시민행성의 이처럼 절박한 설립 취지와 기원을 담아 기획하고 만들어낸 첫 번째 책입니다. 2014년 전국국어교사모임과 공동 기획으로 연 〈교사 인문학-교사, '교사'를 공부하다〉 두 번의 강의가 바탕이 되었습니다. 문학, 건축, 글쓰기, 교육론, 생명·평화 등의 분야에서 오랜 시간 성심과 성의를 다하여 높은 공력을 쌓아오신 '스승'들의 이야기를 현장의 교사들과 나눔으로써, 이미 뿌려놓은 높은 성의가 다시 교육 현장에 인문적 씨앗이 되기 바라는 간절한 마음을 담았습니다.

그러나 이 책은 '교사를 위한 인문학'에 한정되지 않으며, 현재 한국의 교육에 문제의식을 갖고 새로운 교육 패러다임과 교육 방법론으로의 전환을 고민하는 학부모와 학생, 시민들 모두에게 사색을 제공하기 위한 책입니다. 이 책이 '생각하는 시민'을 키우기 위한 우리 사회 '시민 인문학'의 창조적 모색 과정의 하나일 수 있다면 좋겠습니다.

시민행성의 뜻에 공감하시어 강의와 책에 참여해주신 존경하는 여러 선생님들께 깊은 감사의 말씀을 올립니다. 강의 당시 공동 기획을 도모해주시고, 지금까지도 특별한 관심을 갖고 친구로 함께해주시는 전국국어교사모임 선생님들께도 감사 말씀을 드립니다. 이 책의 출간이 전망하기 어려운 이 시간 한국사회의 어둠에 작은 성찰의 불빛이 되기를 소망합니다.

'실천적 생각발명 그룹 시민행성'을 대표하여 운영위원 함돈균

contents

prologue _ '생각하는 시민'을 키우는 교육이 미래 교육의 목표다   004

part. 1 _ 주체성 교육은 어떻게 아이들을 억압하는가?_황현산   010
얼굴 없는 사람, 얼굴 없음의 의미 | '나는 나다'라는 무의식적 주문 | 주체성 교육이 억압하는 것 | 자기 안의 타자 응시하기 | 당신의 숨죽인 말들, 숨어버린 생각 | '주체성'을 걷어내고 나를 드러내다 | 시를 읽는 사람이 받는 선물 | Q&A 미니 인터뷰

part. 2 _ 어떻게 가르치지 않고 배우게 할 수 있을까?_나희덕   030
교실에 갇힌 아이들, 도끼는 누구 손에 들려 있는가 | 오늘날에도 유효한 두 책 『페다고지』와 『무지한 스승』 | 교육의 그물망 | 대화적 스승과 무지한 스승 | 은행 저금식 교육 vs 문제 제기식 교육 | 자신이 알지 못하는 것도 가르칠 수 있다 | 미트라의 교육 실험 '벽에 난 구멍' | 일상에서 예술을 향유하고 창조하는 사람들 | 예술은 어떻게 삶이 되는가 | Q&A 미니 인터뷰

part. 3 _ 인문교육은 어떻게 예술교육과 결합해
생각하는 시민을 키워낼 수 있을까?_함돈균   060
인문적 관점을 제시하는 인문큐레이터로 나서다 | 인문정신으로 접근하는 인문예술융합교육 | 인문예술융합교육과 문화예술융합교육의 차이 | 크리에이티브의 핵심은 정확한 관찰이다 | Q&A 미니 인터뷰

part. 4 _ 문학은 어떻게 아이들의 공감 능력을 키우는가?_김홍규   080
나 아닌 다른 존재를 만나는 일 | '공통된 인간 경험'이란 존재하는가 | 서로 경쟁하는 해석과 평가의 공존을 받아들이다 | 문학 교육을 위해 필요한 네 가지 명제 | 문학작품을 읽고 해석하는 즐거움 | 인간을 볼 줄 알아야 해석이 제대로 나온다 | Q&A 미니 인터뷰

part. 5 공감하고 연대하는 시민을 어떻게 키워낼 수 있을까?_이도흠　**108**

의미의 이해와 성찰, 공감과 연대가 필요하다 | 포섭과 배제, 세계를 움직이는 원리 | 공유경제와 협력사회를 지향하는 디지털 사회 | 자기 앞의 세계를 해석하며 의미를 캐는 인간 | 선(善)을 키우는 네 가지 방법 | '생각 없음'과 '복종'보다 더 큰 문제는 동일성에서 비롯된 배제와 폭력 | 인간은 서로가 서로를 생성하게 하는 상호생성자 | 상대방의 눈동자에 비친 내 모습, 눈부처 | 세계를 해석하는 두 가지 원리 | 텍스트를 통한 의미 구성의 네 과정 | 텍스트 다시 쓰기로 재구성하는 세계 | 공감과 협력을 가르치는 교육 | Q&A 미니 인터뷰

part. 6 생명을 살리는 언어의 회복은 가능한가?_박수밀　**154**

우리는 지금 어디로 가고 있는가 | '생태'와 '자연'은 뜻이 다르다 | 벌레의 더듬이에 관심을 지녀야 문장의 정신을 얻는다 | 사물은 본디 정해진 색이 없다 | 병든 문학, 병든 내면의 치유를 위하여 | 남들이 보지 못하는 것을 보는 힘 | Q&A 미니 인터뷰

part. 7 평화와 생명의 가치를 어떻게 가르칠 것인가?_정성헌　**182**

대화와 협상의 훈련이 필요하다 | 삼척 시민들에게 드린 당부의 말 | DMZ 평화공원의 꿈 | 인제군에 세워진 평화생명동산 | 교육에는 회초리도 필요하다 | 몸이 튼튼해야 제대로 공부한다 | 생명에 이로운 개발이어야 한다 | 생명을 살리고 사람에게 이로운 일 | Q&A 미니 인터뷰

part. 8 공간과 환경은 사람에게 어떻게 영향을 미치는가?_조성룡　**212**

수십 년간 변함없는 학교 공간의 풍경 | 무언가를 '짓는' 행위, 건축 | 우리나라의 건축 문화 | 도시사회의 발전에 따른 건축의 변화 | 모든 건축에는 이유가 있다 | 도시는 어떻게 만들어지는가 | 지역과 거주민의 삶이 건축을 통해 표출되다 | 집이란 무엇인가, 어떻게 살아야 제대로 사는 것인가 | 건축에 대해 어떻게 가르칠 것인가 | 학교를 가꾸는 일의 의미 | Q&A 미니 인터뷰

Part. 1

주체성 교육은 어떻게 아이들을 억압하는가?

황
/
현
/
산

우리 안에도 영원한 타자가 존재합니다. 누구나 가지고 있지만 아무도 드러내려 하지 않습니다. 꽁꽁 감춰지고 억압돼 있는 그것들을 다루는 게 바로 문학입니다. 문학은 우리 안의 타자를 표현할 말을 만들고 그것들을 표현하기에 적합한 어떤 특별한 세계를 만듭니다.

얼굴 없는 사람,
얼굴 없음의 의미

    2013년에 제가 『밤이 선생이다』라는 책을 냈어요. 책을 보신 분은 알겠지만, 표지 그림에 한 남자가 뒤돌아 서 있습니다. 완전한 뒷모습은 아니고 몸을 약간 튼 상태에서 뒤를 돌아보고 있습니다. 그래서 얼굴이 안 보입니다. 팀 아이텔이라는 독일 화가가 그린 그림입니다. 그런데 그전에도 표지 그림에 뒤돌아 서 있는 남자가 나오는 책을 낸 적이 있어요. 아폴리네르의 시집을 번역한 책입니다. 그 책에는 르네 마그리트의 그림을 사용했는데, 중절모를 쓴 남자가 뒤돌아서서 창밖을 바라보고 있습니다. 그리고 공교롭게도 제 이름으로 낸 첫 책의 제목이 『얼굴 없는 희망』이었습니다. 그러고 보니 제가 쓴 논문 중에도 '얼굴 없는'이라는 말이 제목에 들어간 것이 두 개나 있습니다. 얼굴에 어떤 콤플렉스가 있는 게 아닌가 싶기도 한데요. 누군가 이 책들을 모아놓고 보면 '얼굴 없는 남자' 컬렉션을 하나 싶을지도 모르겠습니다.

'얼굴이 없다'는 것은 어떤 의미일까요? 아마 남에게 잘 보이기 위해 거짓으로 만든 얼굴이 없다는 뜻일 겁니다. 우리는 거울을 자주 봅니다. 이런저런 치장을 위해 거울을 보기도 하지만, 거울을 보며 자신이 원하는 얼굴 표정을 만들어보기도 합니다. 인상을 써보기도 하고 눈을 크게 떠보기도 하고 입을 딱 다물어보기도 하지요. 대개 다른 사람한테 보여주는 얼굴에는 이처럼 어떤 식으로든 힘이 들어갑니다. 하지만 자기 혼자 있을 때는 약간 힘을 뺀 얼굴이 되고, 잠을 잘 때는 완전히 힘을 뺀 얼굴이 되지요. 어떤 사람들은 그렇게 잠잘 때나 멍하니 있을 때 사진 찍히는 것을 극도로 싫어합니다. 힘이 들어가지 않은 얼굴이 사진으로 남는 게 싫은 겁니다.

언젠가 사진작가 강운구 선생과 식사할 때였어요. 강운구 선생이 제 얼굴을 찍어주겠다면서 이런 말씀을 하셨습니다. 사진 중에 인물 사진 찍기가 가장 어렵다고 말입니다. 그 이유를 물으니, 사람들이 얼굴에 힘을 뺄 때까지 계속 찍어야 하기 때문이랍니다. 사람들이 대개 얼굴에 너무 힘을 주고 있어서, 좋은 사진이 나오질 않는다는 거예요. 저도 책 출간 때문에 사진 찍을 일이 있었는데, 천 컷은 족히 찍지 않았나 싶어요. 그때 강운구 선생의 말을 떠올리며 '아, 힘이 다 빠질 때까지 찍는구나' 하고 생각했습니다.

글을 쓸 때도 마찬가지입니다. 힘을 빼야 좋은 글이 나옵니다. 힘을 뺀다는 것은 어떤 분야에서나 아주 중요한 일인가 봅니다. 어느 시인에게 들었는데, 수영도 마찬가지랍니다. 수영을 처음 배우러 갔을 때 다른 회원들은 초보자라도 금세 물에 뜨는데 자기만 아무리 해도 안 되더라는 거예요. 답답해서 수영 강사에게 물었더니 "어깨에 힘을 빼라"고 했대요. 그래서 "어떻게 힘을 빼냐?"고 또 물었더니 "뭘 어떻게 해요. 그냥 힘을 빼세요" 하며 웃더랍니다. 그땐 참 답답했는데, 나중에 생각해보니 자기가 사람들한테 시를 가르칠 때도 그렇게 말한 적이 많더랍니다. "글 쓸 때는 힘을 빼세요"라고요. 그때 시를 배우러 온 사람들이 얼마나 답답했을지 이제야 느끼게 된다는 이야기였습니다.

생각해보면 '얼굴이 없는' 뒷모습이 주는 아련함이나 편안함도 바로 힘이 빠져 있기 때문이 아닐까 싶습니다. 뒷모습은 얼굴이 없기 때문에 눈을 마주칠 수 없습니다. 그렇기 때문에 상대방과 기 싸움을 하지 않아도 됩니다. 서로 앞모습을 보며 눈을 마주치면 나도 모르게 얼굴에 힘이 들어가고, 그만큼 상대방도 얼굴에 힘을 주게 됩니다. 그러나 뒷모습을 보면 그런 긴장감이 생기지 않습니다. 오히려 상대방에 대한 궁금증이 생기고 신비스러운 느낌까지 받게 됩니다.

'나는 나다'라는
무의식적 주문

사람들은 누군가에게 자기를 보일 때, '이것이 바로 나다'라고 말하는 표정이 됩니다. 알게 모르게 스스로를 힘주어 표현하려고 합니다. 그래서 '이것이 나다' '나는 이런 사람이다' '사람들이 나를 이렇다고 인정해주길 바란다' 등의 의미가 담긴 표정을 짓게 됩니다. 우리는 이를 '주체성' 또는 '자기동일성'이라고 부르고, 대개는 좋은 것으로 여깁니다. '주체성을 가져야 한다'고 권장하고 교육하기도 합니다. 그러나 어떤 경우에는 이 주체성이 우리가 하는 일을 가로막습니다. 수영을 처음 배울 때도 그러합니다. 몸이 물에 떠야 하는데 왜 몸에 힘을 주고 있겠습니까. 두려워서 그렇습니다. 두려움 앞에서 자기를 철저하게 방어하려다 보니까 힘을 주게 되는 것입니다. 거기에는 무의식중에 '나는 나다'라는 생각이 들어가 있습니다.

글을 쓸 때도 최대한 자연스럽고 진솔하게 써야 하는데, 그게 참 쉽지가 않습니다. 누군가가 자연스럽고 진솔하게 글을 쓸 수 있다면 그는 이미 문장의 고수일 겁니다. 문장의 고수가 아니면 절대로 그렇게 쓸 수 없습니다. 항상 어떤 자의식이 솔직함을 막기 때문입니다. 그게 바로 '나는 나다'라는 인식입니다. 그 인식 때문에 정신에 힘을 주게 됩니다. '나는 나다. 세상 사람들이 나를 다르게 보거나 잘못 보면 안 된다. 나는 나니까 내가 아닌 어떤 흐트러진 모습을 보여줘선 안 된다'라는 생각이 자연스럽고 솔직한 말들을 다 막아버립니다.

이러한 모습은 요리할 때도 나타납니다. 국을 끓일 때, 소금을 어떻게 뿌립니까? 요리의 고수들은 그냥 슥 집어서 적당량을 적당한 때에 뿌립니다. 하지만 일반 사람들에게는 이것이 무척 어렵습니다. 우리 집안에도 소금을 제대로 뿌릴 줄 아는 사람은 돌아가신 어머니밖에 없습니다. 나머지 가족들은 전부 못합니다. 왜 그게 안 될까요? 소금을 한 번 집어서 스윽 국에

두르는 게 왜 쉽지 않은 걸까요? 거기에도 역시 자기주장이 있기 때문입니다. 앞서 말한 주체성과 같은 것이지요. 그것이 우리를 간섭하기 때문에 요리도 자연스럽지 못하게 됩니다. 이렇게 주체성이라는 것은 우리의 모든 행동을 간섭합니다. 반대로, 어떤 분야에서든 고수인 분들은 주체성이라는 것에 간섭을 받지 않습니다.

또 다른 예를 들어보겠습니다. 자녀가 고등학교 2~3학년 때 성적이 안 좋으면 갑자기 예술계로 진로를 바꿔 미술학원에 보내는 부모들이 있답니다. 그때 미술 선생님들은 학생을 속성으로 가르치기 위해서 그림을 거꾸로 놓고 따라 그리라고 시킵니다. 그림을 바로 놓고 그리라 하면 머뭇거리며 못 그리는데, 거꾸로 놓고 그리게 하면 잘 그린다고 합니다. 학생이 선뜻 그림을 그리지 못하는 것은 자기주장을 버리지 못하고 그림을 해석하기 때문입니다. '이것은 집이다' '이것은 나무다' '이것은 사람이다' 이렇게 말입니다. 그런데 그림을 거꾸로 놓고 보여주면 해석이 잘 안 되기 때문에 선만 보고 그립니다. 한마디로 '강제적으로 주체성을 죽이는 것'입니다. 그런 식으로 하루 종일 그림을 그리게 하면 그림 실력이 점점 늘어난다고 합니다.

주체성 교육이 억압하는 것

우리는 어릴 때부터 주체성 교육을 받습니다. 특히 한국 사회는 굉장히 강하게 받습니다. 제가 어렸을 때는 학교에 들어가자마자 '새 나라의 어린이는 일찍 일어납니다. 잠꾸러기 없는 나라 우리나라 좋은 나라'라는 노래를 배웠습니다. 이 논리에 따르면 저처럼 밤에 일하는 사람들, 밤에 일하고 아침에 늦게 일어나는 사람들은 2등 국민이 되는 거예요. 또한 '우리는 단군의 아들딸이다' '어린이는 훌륭한 국민으로 자라야 한다'라는 이야기를 많이 들었습니다.

그러다가 대학 다닐 때 만난 룸메이트 중에 어떤 사람은 아이큐(IQ) 몇 이하는 전부 죽여야 한다는 얘기를 자주 꺼냈어요. 밤새도록 말씨름을 하고 토론도 했는데, 그 사람은 성격 검사를 해서 이상한 사람들은 모두 수용소로 보내 교정을 시켜야 우리나라 국민성이 높아진다고 했습니다. 보통 때는 순하고 착한 사람인데 그런 과격한 주장을 했어요. 펄쩍 뛸 일이지만 실제로 많은 사람들이 이 사람과 비슷한 생각을 할 수도 있다고 봅니다. '저런 사람은 한국에 태어나지 말았어야 하는데' '나쁜 유전자를 가진 사람들은 저러다 망했으면 좋겠어'라는 식으로 말이지요.

바로 이러한 사고방식에 주체성 교육의 억압이 숨어 있습니다. '나는 이런 사람이다. 저런 사람들과 나는 같을 수 없다. 그들은 나와 다르다'라는 사고방식이 깔려 있는 거예요. 이런 생각이 점점 '아, 가난뱅이들은 꼴 보기 싫어' '어느 지역 사람들은 저래서 싫어'라는 식의 차별 논리로 발전하게 됩니다. 이러한 차별의 논리는 근본적으로 '새 나라의 어린이는 일찍 일어납니다'라는 노래 가사의 사고방식과 별반 다르지 않습니다. 자기 안에 있는 어떤 부분을 억압하는 것은 사회적으로 어떤 특정 계층을 배척하고 차별

하는 것과 이어져 있기 때문입니다.

'자기계발'이라는 명목으로 독자들을 끊임없이 꾸중하고 다그치는 책이 잘 팔리는 이유도 이 사고방식과 연관이 있습니다. 텔레비전에서 우연히 인기 많은 자기계발서 저자의 강의를 보게 되었는데, 그 사람은 시청자들에게 계속 꾸중을 하고 있었습니다. 물론 방청객들에게도 수시로 꾸중을 퍼붓고 있었지요. 그때 나는 사람들이 꾸중을 듣는 것만으로도 자기가 계발되었다고 느끼는구나 싶어서 씁쓸했습니다.

서점에 가면 이런 식의 자기계발서들이 많습니다. '네가 성공하지 못한 것은 모두 네 책임이다' '열심히 하면 되는데 최선을 다하지 못했다' '기회가 있었는데 안 했다'라고 꾸중하는 책이 대부분입니다. 주체성 교육이 '자기 안의 타자'를 억압하고 있는 모습이 그대로 투영되어 있는 듯해 안타깝습니다.

자기 안의 타자 응시하기

이렇게 우리는 늘 주체성의 간섭을 받으며 살아갑니다. 우리가 주체성이라고 부르는 것들은 끊임없이 우리 삶에 충고를 해댑니다. 그러나 우리가 어떤 계기로 마음 밑바닥을 보면 '나는 나다'라고 항상 내세우는 나 말고, 숨기고 싶은 '또 다른 나'가 있다는 것을 알게 됩니다. 많은 사람들이 사생활 보호를 주장하는 이유도 밖으로 내보일 수 없는 또 다른 내가 존재하기 때문입니다. 그 '또 다른 나'는 다른 사람이 없을 때, 혼자 방 안에 있을 때에야 밖으로 나옵니다. 어떤 사람들은 끝까지 안 나오기도 합니다. 그런 사람들은 꿈을 꿀 때도 논리적인 꿈만 꾼다고 합니다. 자칫 또 다른 내가 나올 기세를 보이면 얼른 감춰버립니다. 이처럼 우리 안에는 자기 자신이라고 인정하고 싶지 않은 존재, 즉 또 하나의 내가 있습니다. 누구나 '이런 모습이 사람들에게 알려지면 나는 매장당하고 말 거야'라고 생각되는 것들을 모두 꽁꽁 숨기고 억압하며 살고 있지요.

만일 '다른 사람에게 내보이는 나'와 '내면에 감추고 있는 나'가 동일한 사람이 있다면, 그는 성자일 것입니다. 불교식으로 말하면 도가 튼 사람이겠지요. 그런 사람은 한 세기에 한 사람이 있을까 말까 합니다. 대부분의 사람들은 자기 안에 결코 자신으로 인정할 수 없는 또 하나의 내가 존재합니다. 이것을 인문학에서는 '자기 안의 타자'라고 부릅니다. '타자'라는 것은 다른 사람이라는 뜻입니다. 그런데 타자는 우리 밖에만 있는 게 아니라 우리 안에도 있습니다.

'타자'는 주체성과 맞서는 개념입니다. 주체성은 사회적인 개념으로, 공동체 의식으로 나타날 때가 많습니다. 외국 사람에게 '한국 사람들은 따뜻하고 정이 많아'라는 말을 들으면 내가 칭찬을 받은 것처럼 으쓱한 것은 대한민국 국민으로서의 주체성이 있기 때문입니다. 그러나 사회에는 이러한 주체성의 범주에서 제외된 사람들이 늘 존재합니다. 가령, 지하철역에서 생활하는 노숙자들, 거리에서 구걸하는 거지들을 동등한 국민의 하나로 생각하는 사람은 그리 많지 않겠지요. 그러한 사람들은 사회에서 영원한 타자로 존재합니다.

그리고 마찬가지로 우리 안에도 영원한 타자가 존재합니다. 결코 밖으로 드러내고 싶지 않은 나의 어떤 부분이 바로 그것입니다. 자기 안의 타자는 꽁꽁 감춰지고 억압돼 있습니다. 누구나 가지고 있지만 아무도 드러내려 하지 않습니다. 그것들을 다루는 것이 바로 문학입니다. 문학은 우리 안의 타자를 표현할 말을 만들고 그것들을 표현하기에 적합한 어떤 특별한 세계를 만듭니다. 그리고 시는 그러한 문학의 세계에서도 언제나 가장 앞서 가는 존재입니다.

당신의 숨죽인 말들, 숨어버린 생각

저는 시를 참 좋아합니다. 시를 읽고, 시를 해석하고, 시에 대해 글을 쓰는 것이 저의 일이기도 합니다. 제가 시를 좋아하는 이유는 여러 가지가 있지만, 그중에서 가장 으뜸은 사람들마다 마음속에 품고 있는 사소한 사정들을 헤아려준다는 점입니다.

살면서 "그건 당신 사정이고!"라는 말을 들어본 적이 있나요? 보통 잘잘못을 따지거나 서로 대립하는 갈등 상황에서 쓰는 말이지요. 아마도 힘 있는 사람이 힘없는 사람에게 듣는 일보다는, 힘없는 사람이 힘 있는 사람에게 듣는 일이 많을 겁니다. 예를 들어, 가족의 생계가 달려 어쩔 수 없이 대출을 받았는데 이자가 눈덩이처럼 쌓이며 도저히 돈을 갚을 수 없는 지경에 이르렀을 때, 개인의 사정을 눈물로 호소한들 돈을 빌려준 곳에서 돌아오는 말은 그런 말이겠지요. '그건 당신 사정이고'로 시작해 법이 어쩌고 하는 훈계까지 들어야 할 것입니다. 그러면 평범한 사람들은 더 이상 말을 못하고 입을 닫겠지요. 그런데 말을 하지 못한다고 해서 하고 싶은 말이 없는 건 아닙니다. 생각이 없는 건 더더욱 아니지요. 바로 이렇게 숨죽인 말들, 숨어버린 생각을 보여주는 것이 바로 문학입니다.

　세상에는 과학과 철학을 비롯해 여러 가지 훌륭한 이론과 사상이 있고, 그런 이론과 사상은 다양한 말을 합니다. 그러나 거기에 힘없는 사람들의 속사정을 대변해줄 말은 없습니다. 그런 섬세한 역할을 담당하는 것은 문학입니다. 바로 시와 소설이 개인의 사소한 사정들을 여러 가지 형식으로 표현해 드러내줍니다.

　살아보니 각종 사회문제들은 사회가 발전하면서 그것을 표현하는 말들이 많아지고, 그러면서 연대도 하고 협력도 하면서 점차 해결되는 일이 많다는 것을 알게 되었습니다. 그러나 우리 내면의 문제, 어디에도 내놓을 길이 없는 그런 문제들은 개인들 사이에서 연대나 협력이 어렵습니다. 이때 시는 그 사이에 다리를 놔줍니다. 우리 안에 억압되고 감춰져 있는 생각과 감정, 표현할 방법이 없는 그것들, 심지어 우리 안에 그런 것이 있다는 사실을 자각조차 하지 못하는 그런 것들을 시가 표현해줍니다.

세상에는 과학과 철학을 비롯해
여러 가지 훌륭한 이론과 사상이 있고,
그런 이론과 사상은 다양한 말을 합니다.
그러나 거기에 힘없는 사람들의
속사정을 대변해줄 말은 없습니다.
그런 섬세한 역할을 담당하는 것은 문학입니다.
바로 시와 소설이 개인의 사소한 사정들을
여러 가지 형식으로 표현해 드러내줍니다.

'주체성'을 걷어내고
나를 드러내다

시는 다양한 방법으로 말을 합니다. 보통 시는 아주 감상적인 것으로 여겨지지만, 어느 때는 시도 논리적으로 말을 합니다. 또 어느 때는 말로 그림을 그려서 이미지를 만들어 보여주고, 어느 때는 리듬만 가지고도 마음을 흔들어놓습니다. 리듬은 노래처럼 쉽게 파고들어 더욱 강력한 힘을 가집니다.

예를 들어, 제가 어릴 때 한국전쟁을 겪었는데 우리 고향에 서울에서 피난을 온 아이들이 있었어요. 그 애들은 뭐든 없는 게 더 많은 우리와 달리 연필도 있고 공책도 있고, 필통이나 책받침도 갖고 있었어요. 그런 서울 애들과 함께 생활하며 이것저것 티격태격할 일이 많았는데, 그 애들을 약올리려고 우리가 자주 부르던 노래가 있어요. "서울내기 다마네기 맛 좋은 고래고기"라는 노래에요. 서울내기, 다마네기, 고래고기, 네 음절이 딱딱 '기'로 끝나니까 노래가 아주 묘하게 중독성이 있어요. 밑도 끝도 없는 말인데 운율이 딱 떨어져 리듬감이 생기니까 이 노래를 부르면 절로 신이 났습니다. 반면 서울 아이들은 우리가 소리 높여 이 노래를 부를 때마다 금세 풀이 죽고 말았죠.

이렇게 시는 우리 안에 갇힌 것들을 여러 가지 방법으로 꺼내며 말을 합니다. 우리 안의 타자, 우리 안의 소외된 부분을 밖으로 드러냅니다. 그 소통의 기술이 대단합니다.

시는 본래 이러한 노래처럼, 장난치듯 쉽게 쓰는 것입니다. 그래야 말하기 어렵던 진실이 드러나고 설명하기 어렵던 부분이 자연스레 공감됩니다. 처음부터 어떤 목적을 갖고 주제와 사상을 강조하려고 쓴다면 그것은 시가 아니라 논문, 연설문, 산문이 되겠지요. 시는 나의 내면을 숨기고 있던 어떤 것, 즉 앞서 얘기했던 '주체성'을 걷어내고 그 아래에 깔려 있던 진실한 나를 드러냅니다. 시가 사람을 웃게 하고 울게 하고 감동을 주기도 하는 것은 이러한 까닭입니다.

가끔 난해한 시를 만나면 '머리가 좋거나 많이 배워야 시도 잘 쓰겠구나'라고 생각하는 분도 있을 텐데요. 정말 그렇지 않아요. 저는 감각이 뛰어난 사람이 대학에서 문학을 전공한 뒤 오히려 시를 더 못 쓰게 되는 경우를 많이 보았습니다. 내 안의 언어가 거리낌 없이 흘러나와야 좋은 시가 되는데, 분석하고 따지다보니 자기 언어를 감시하게 되고, 그래서 내면의 언어들이 마음껏 나오지 못하기 때문이지요.

저는 부모들에게도 아이들을 24시간 감독하려 들지 말고 가끔씩 내버려두라는 얘기를 많이 합니다. 누구나 아무도 모르는 자기만의 시간이 필요하거든요. 아이들도 마찬가지예요. 부모 모르게 불량식품을 사먹고 만화를 보고 동영상을 보는 일들을 죄다 통제할 수도 없거니와, 그냥 놔두면 스스로 해야 할 일과 하지 말아야 할 일을 구분하게 됩니다. 그렇게 자라야 몸도 마음도 건강한 어른이 됩니다.

다시 시 이야기로 돌아와 보면, 난해해 보이는 시도 많지만 반대로 허술해 보이는 시도 많습니다. 그러나 아는 사람은 알 거예요. 겉보기에 허술해 보여도 그렇게 쓰기가 쉽지 않다는 것을. 앞서 말했듯이—수영을 배우거나 음식을 만들 때와 마찬가지로— 시를 쓸 때도 '힘 빼기'가 중요합니다. 힘을 빼야 주체성이 자리를 비키고 감춰져 있던 생각과 감정들이 나타나 새로운 언어를 만듭니다.

시를 읽는 사람이
받는 선물

우리 같이 기형도의 시 「빈집」을 한번 읽어볼까요.

  사랑을 잃고 나는 쓰네

  잘 있거라, 짧았던 밤들아
  창밖을 떠돌던 겨울 안개들아
  아무것도 모르던 촛불들아, 잘 있거라
  공포를 기다리던 흰 종이들아
  망설임을 대신하던 눈물들아
  잘 있거라, 더 이상 내 것이 아닌 열망들아

  장님처럼 나 이제 더듬거리며 문을 잠그네

가엾은 내 사랑 빈집에 갇혔네

이 시를 읽고 나면 어떤 감정이 드나요? 아름답기도 하고 슬프기도 하고, 여러 가지 느낌이 있을 수 있습니다. 저는 언젠가 이 시를 몇 차례 반복해서 읊어보다 문득, 슬프기도 하지만 불안하다는 느낌이 들었습니다. 먼저, 시의 첫 줄에서 사랑을 잃었다고 할 때의 사랑과 마지막 줄의 빈집에 갇혀 있는 사랑은 같은 사랑일까요? 만약 시의 첫 줄에 나오는 사랑이 '사랑했던 사람'이고 뒤에 나오는 사랑은 사랑을 잃고도 여전히 마음을 잡지 못해 서성이는 '미련'이라고 생각하면 이 시는 슬픕니다. 그러나 앞과 뒤의 사랑이 모두 '사랑하는 마음'이면서 그 마음이 달라지고 변질된 것이라 생각하면 이 시는 불안합니다.

이뿐만이 아닙니다. 읽기에 따라 정말 다양한 해석이 가능합니다. 첫 구절인 '사랑을 잃고 나는 쓰네'라는 말의 의미를 곱씹어볼까요? 해석하기에 따라 원인이 될 수도 있고 동기가 될 수도 있고 양보나 대립이 될 수도 있습니다. 사랑을 잃고 '운다' 하지 않고 '쓴다'고 하는 표현을 정말 답답한 심정으로 글을 쓰는 것으로 읽을 수도 있지만, 반대로 사랑하며 행복할 때 글을 쓰면 좋았을 텐데 사랑을 잃고 나서 뒤늦게 글을 쓰는 안타까움으로 읽을 수도 있습니다.

이렇게 시 해석은 읽는 사람에 따라 얼마든지 달라질 수 있습니다. 어떤 식으로 해석하든 문제될 게 없으며, 어떻게 해석하느냐에 따라 읽는 사람의 내면에 숨어 있던 어떤 감정이 솟구쳐 나옵니다. 또한 읽는 사람에 따라 감정이 많이, 깊게 투사될 수도 있고 적게, 얕게 투사될 수도 있습니다.

인문학 책이나 사회과학 책처럼 지식을 전달하는 책들을 읽을 때에는 책 안의 논리를 그대로 따라가는 것이 좋습니다. 그래야 몰랐던 지식들을 제대로 이해하고 파악할 수 있습니다. 그러나 시를 읽는다는 것은 그런 책들을 읽는 일과 다릅니다. 잘 모르겠으면 모르는 대로 그만입니다.

시를 읽다 보면 웃음이 나기도 하고 눈물이 핑 돌기도 하지요. 이는 시를 통해 내 안에 갇혔던 감정과 생각들이 해방되기 때문입니다. 또 어떤 생각과 감정을 극단까지 밀어붙인 시들은 나를 나라고 규정하던 주체성을 깨뜨립니다.

철학자 니체가 책을 도끼라 했지요. 저는 단단하게 굳은 나를 깨부수는 것이 바로 시어라고 생각합니다. '나'라고 철저히 믿었던 것들에 금이 가고 의심하게 되는 경험이야말로 시가 우리에게 주는 최고의 선물입니다. 그리고 이것이 바로 우리가 시를 읽어야 하는 이유입니다.

철학자 니체가 책을 도끼라 했지요.
저는 단단하게 굳은 나를 깨부수는 것이
바로 시어라고 생각합니다.
'나'라고 철저히 믿었던 것들에 금이 가고
의심하게 되는 경험이야말로
시가 우리에게 주는 최고의 선물입니다.

Q & A
미니 인터뷰

기형도 님의 「빈집」을 읽으며 읽는 사람에 따라 시 해석이 얼마든지 달라질 수 있다고 알려주신 내용이 흥미로웠습니다. 또 어떻게 해석하든 문제될 게 없다는 것을 넘어 어떻게 해석하느냐에 따라 읽는 사람의 내면에 숨어 있던 어떤 감정이 솟구쳐 나온다는 말씀도 무척 인상 깊었습니다. 그런데 그렇다 해도 시의 특별한 언어를 제대로 이해하고 싶다는 욕구가 있습니다. 분명한 뜻이 곧바로 전달되지 않는 시의 언어에 대해 설명해주시면 좋겠습니다.

말이라는 것은 어떤 틀이 있습니다. 그 틀 속에는 인간들이 이제까지 생각해서 표현했던 모든 것이 들어 있지요. 우리가 생각을 하거나 말을 할 때는 그 틀 속에 들어 있는 생각의 조각들을 조합하는 것이라 볼 수 있습니다. 이론상 그 경우의 수는 무한하겠지만 실제로 한 사람이 평생 동안 사용하는 조합은 극히 제한되어 있습니다. 우리가 생각하는 범위가 제한되어 있기 때문입니다. 시의 언어가 특별하다고 생각한다면, 여러 가지 이유가 있겠지만 여기서는 먼저, 일상적인 말의 조합을 비껴서는 침묵의 언어라는 점을 이야기하고 싶습니다.

예를 들어 오랜 세월을 같이 지낸 노부부가 산 위에 올라갔어요. 남편이 들을 바라보며 '참 넓지'라고 말하니 아내가 뒤따라서 '참 넓네'라고 말합니다. 이때 남편은 진짜 들의 넓이를 말하려는 게 아니라는 걸 아내도 알고 있어요. 남편은 아내의 대꾸를 듣고 자신의 어떤 감정을 아내가 알아들었다고 짐작합니다. 그 감정은 표현하기 어려운 것이고, 정확히 표현하려고 애쓰다 보면 오히려 깨져버릴 수 있는 어렴풋한 그 무엇입니다. 이때 '참 넓네'라는 표현은 두 사람에게 그 감정을 침묵에 부치면서 동시에 표현하는 언어입니다.

그러나 시는 이처럼 서로 공감대가 깊은 노부부의 언어가 아닙니다. 그러므로 공적 세계에 떨어지는 모험의 언어라고 볼 수 있습니다. 이 언어는 자주 수상쩍은 것으로 취급되지요. 언어 뒤에 어떤 감정이 숨어 있는지, 그 감정이 진실한 것인지, 모두에게 가치가 있는 감정인지 의심을 받습니다. 또한 그 표현의 역량, 또는 그 침묵의 역량을 의심받지요. '침묵의 언어'로 모든 것을 설명할 수는 없지만, 또 시에서 감정의 교류가 가장 중요한 것은 아니지만, 이것으로 시의 언어에 대해 생각해보는 실마리가 되었으면 합니다.

Part. 2

어떻게 가르치지 않고 배우게 할 수 있을까?

나/희/덕

우리는 교육의 '그물망'을 상상해볼 수 있습니다. 하나의 강력한 중심이 있고 거기에 나머지 개체들이 복속되는 질서가 아니라, 모든 개체들이 동등하고 유기적인 관계를 맺는 생태주의적 그물망 말입니다. 이 그물망 속에서는 이 그물코와 저 그물코가 동등합니다. '가르칠 교(敎)' 자에서 '사귈 교(交)' 자로 교육을 재정의하는 것은 이렇게 동등한 관계맺음이 중요하다고 생각하기 때문입니다.

교실에 갇힌 아이들,
도끼는 누구 손에 들려 있는가

지금부터 저는 '대화적 스승과 무지한 스승'이라는 주제로 이야기를 시작하려고 합니다. 여기에 덧붙여 '어떻게 가르치지 않고 배우게 할 수 있을까'라는 질문도 함께 던지려고 합니다. 저는 고등학교 교사를 7년쯤 했고, 지금은 대학교 문예창작학과에서 문학 교육을 하고 있습니다. 하지만 제가 이 문제에 대해 뚜렷한 해답을 가지고 있는 것은 아닙니다. 다른 선생님들이나 학부모, 일반 독자들과 함께 고민하기 위해 먼저 이야기를 꺼내는 것입니다.

최근 우리 사회는 교육에 대한 새로운 성찰을 필요로 하고 있습니다. 저는 그 계기가 세월호 문제에서 시작되었다고 생각합니다. 세월호 이후의 시간을 함께 겪으면서 우리 교육이 더 이상 이렇게 지속되어서는 안 되겠다는 문제의식을 가지게 된 것이지요. 강연에 앞서, 세월호에 대한 제 생각을 담은 시 한 편을 읽어드리겠습니다.

아이들은 수학여행 중이었다
교실에서처럼 선실에서도 가만히 앉아 있었다
가만히 있으라, 가만히 있으라,
그 말에 아이들은 시키는 대로 앉아 있었다
컨베이어벨트에서 조립을 기다리는 나사들처럼 부품들처럼
주황색 구명복을 서로 입혀주며 기다렸다
그것이 자본주의라는 공장의 유니폼이라는 것도 모르고
물로 된 감옥에서 입게 될 수의라는 것도 모르고
아이들은 끝까지 어른들의 말을 기다렸다
움직여라, 움직여라, 움직여라,
누군가 이 말이라도 해주었더라면
몇 개의 문과 창문만 열어주었다면
그 교실이 거대한 무덤이 되지는 않았을 것이다
아이들은 수학여행 중이었다
파도에 둥둥 떠다니는 이름표와 가방들,
산산이 조각난 교실의 부유물들,
아이들에게는 저마다 아름다운 이름이 있었지만
배를 지키려는 자들에게는 한낱 무명의 목숨에 불과했다

침몰하는 배를 버리고 도망치는 순간까지도
몇 만 원짜리 승객이나 짐짝에 불과했다
아이들에게는 저마다 사랑하는 부모가 있었지만
싸늘한 시신을 안고 오열하는 것 말고는 아무것도 할 수 없었다
햇볕도 닿지 않는 저 깊은 바닥에 잠겨 있으면서도
끝까지 손을 풀지 않았던 아이들,
구명복의 끈을 잡고 죽음의 공포를 견뎠을 아이들,
아이들은 수학여행 중이었다
죽음을 배우기 위해 떠난 길이 되고 말았다
지금도 교실에 갇힌 아이들이 있다
책상 밑에 의자 밑에 끼여 빠져 나오지 못하는 다리와
유리창을 탕, 탕, 두드리는 손들,
그 유리창을 깰 도끼는 누구의 손에 들려 있는가

- 나희덕, 「난파된 교실」 전문

세월호 문제는 2년이 훨씬 지난 지금까지도 제대로 된 해결점을 찾지 못하고 있습니다. 안산 단원고에 보존되던 '기억 교실'마저 다른 공간으로 이전되었고, 이 참사를 교육의 근본적인 변화를 이끌어내는 불씨로 살려낼 수 있는 가능성도 점점 희박해지고 있습니다. 그런데 깊은 바다 속에 수장된 아이들만이 아니라, 우리가 교실에서 만나는 학생들도 또 다른 형태의 세월호 같은 감옥에 살고 있는 것은 아닐까요? 더 이상 교실이 감옥이 되

지 않고, 아이들에게 진정한 해방과 자기 나름의 배움을 경험할 수 있도록 하기 위해서 우리는 과연 무엇을 해야 할까요?

『녹색평론』138호에 실린 좌담 '학교, 교육 지옥인가, 민주적 자치 공동체인가'를 보아도 교육 현장 속에 우리 사회의 총체적인 문제들이 다 들어있다는 걸 실감하게 됩니다. 여러분이 생각하는 학교는 둘 중 어느 쪽에 가까운가요? 대부분의 선생님들이 교실을 교육 지옥이라고까지 생각하지는 않겠지만, 민주적 자치 공동체라고 자신 있게 이야기하진 못하실 겁니다.

요즘 교육계에는 두 가지 상반된 흐름이 겹쳐 있는 것 같습니다. 먼저, 진보 교육감들이 대거 당선된 이후 진보적인 교육정책들이 나오리라는 기대감이 있습니다. 반면에 전교조 법외노조 판결이 나왔고, 대안학교는 대안학교등록법 때문에 어려운 싸움을 하고 있습니다. 과거의 자율적 교육이 결실을 맺어가는 시기에 정부가 오히려 중앙집권적인 교육정책을 강화하고 있는 것이지요. 그 때문에 공교육 현장에서도 민주적인 분위기가 급속도로 위축되고 있는 듯합니다.

오늘날에도 유효한 두 책
『페다고지』와 『무지한 스승』

이러한 사회적 흐름은 교육 현장의 선생님들에게도 영향을 미칩니다. 그런 환경 속에서 '나는 어떤 교사가 될 것인가?' '대한민국에서 교사로 산다는 것은 무엇인가?' '내가 교실에서 할 수 있는 일은 무엇인가?' 등의 질문을 던지게 됩니다. 이 질문들에 대답하기 위해 읽으면 좋은 책으로 저는 파울로 프레이리의 『페다고지』와 자크 랑시에르의 『무지한 스승』을 소개하고자 합니다.

제가 교사 생활을 시작한 1988년 무렵에 전교조 발대식이 있었습니다. 당시 저는 학교 민주화에 대해 고민하면서 미력이나마 보태기 위해 노력했는데, 아마도 대학 시절 읽었던 교육 관련 책들의 영향이 컸던 것 같습니다. 그때 읽었던 책 중에 하나가 바로 『페다고지』였습니다. 복사본으로 읽었던 기억이 나는데, 이 책은 판금서적으로 분류되었기 때문에 복사본을 가지고 있는 것만으로도 잡혀가던 시절이었습니다. 그러나 진정한 교육을 꿈꾸는 교사 지망생이라면 반드시 읽어야 할 필독서였습니다.

『페다고지』는 1970년에 출간되었고, 2000년에 미국에서 30주년 기념판이 나왔습니다. 이제는 우리나라에서도 완역이 되어 서점에서 구입할 수 있습니다. 저 역시 수십 년 만에 이 책을 다시 읽어보니 감회가 새로웠습니다. 이 책은 과거 제3세계 국가들에서 높은 문맹률이 문제가 되던 시절에 문맹 퇴치 운동을 했던 파울로 프레이리가 쓴 것입니다. 그렇기에 오늘날 한국의 교육 현실에 적용할 수 없는 내용들이 많이 있습니다.

그런데 요즘 『페다고지』가 재조명되고 있습니다. 그 이유가 무엇일까요? 과거에 제국주의의 억압에 시달리는 제3세계 민중들이 있었다면, 오늘날에는 신자유주의 체제에서 낙오된 계층과 지역들이 있습니다. 이러한 현상은 교육 현장에서도 그대로 나타나고 있고, 『페다고지』에서 말하는 평등과 해방의 문제가 부각되고 있습니다. 이것이 『페다고지』를 다시 읽어야 하는 이유입니다.

자크 랑시에르의 『무지한 스승』은 1987년에 처음 출간되었습니다. 『페다고지』가 1970년에 나왔으니까 17년 후에 나온 책입니다. 그렇기 때문에 『무지한 스승』이 『페다고지』보다는 좀 더 현실감 있게 느껴질 것입니다. 그러나 이 책도 굉장히 급진적인 주장을 담고 있어서 우리나라 교육에 얼마나 적용될 수 있을지 의문이 들기도 합니다. 게다가 『무지한 스승』은 프랑스 철학자 특유의 자유롭고 발산적인 문체 때문에 읽기가 까다로운 편입니다. 저도 이 책을 읽으면서 여러 번 어려움을 겪었습니다. 그래서 주형일 선생님이 쓰신 『랑시에르의 무지한 스승 읽기』를 먼저 읽어보시는 것도 좋습니다. 이 책은 『무지한 스승』을 기계적으로 해설하지 않고, 자크 랑시에르가 책을 펴낼 때의 사회적 배경과 당시 교육 환경을 소개하고 우리나라 교육에 어떻게 도입할 것인지를 잘 설명하고 있습니다.

그럼, 이 두 권의 책을 중심으로 교육의 기본 전제를 검토해보고, 이 관점들을 어떻게 교육 현장에서 활용할 수 있을지 살펴보겠습니다.

교육의 그물망

교육(教育)이라는 한자어는 '가르칠 교(教)'에 '기를 육(育)'으로 되어 있습니다. 여기에 '가르칠 교(教)' 대신 '사귈 교(交)'를 넣어보면 어떨까요? 일반적으로 교육이라고 하면 선험적 지식과 우월한 지적 능력을 갖춘 선생이 자신보다 열등한 학생에게 무엇인가를 가르치고 지도하는 행위로 여깁니다. 하지만 저는 선생과 제자가 수직적인 관계가 아니라 상호적이고 평등한 관계를 맺으며 미래를 함께 살아갈 동료이자 이웃으로서 서로 배우는 것이 교육이라고 생각합니다.

이런 관점에서 우리는 교육의 '그물망'을 상상해볼 수 있습니다. 하나의 강력한 중심이 있고 거기에 나머지 개체들이 복속되는 질서가 아니라, 모든 개체들이 동등하고 유기적인 관계를 맺는 생태주의적 그물망 말입니다. 이 그물망 속에서는 이 그물코와 저 그물코가 동등합니다. '가르칠 교(敎)' 자에서 '사귈 교(交)' 자로 교육을 재정의하는 것은 이렇게 동등한 관계 맺음이 중요하다고 생각하기 때문입니다.

교육에 대한 영어 표현도 마찬가지입니다. 저는 '에듀케이션(education)'보다 '러닝(learning)'이라는 말을 좋아합니다. 제도화되고 체계화된 '교육'을 뜻하는 'education'은 학년별 커리큘럼과 학습 내용이 정해져 있고, 평가 기준도 명확합니다. 그리고 평가 결과에 따라 자연스레 우열이 생깁니다. 반면 '배움'을 뜻하는 'learning'은 학교뿐 아니라 사회 전체가 교육의 터전이 됩니다. 지식의 위계보다는 다양성이 강조되고, 외부 평가에 상관없이 자신이 진정으로 필요로 하는 것들을 탐구하는 것이 배움의 의미입니다.

저는 학교 교육만을 지나치게 강조하는 것은 바람직하지 않다고 생각합니다. 그러면 많은 교사들이 "학교 교육이 아니라 학원 교육이 중심이 되었다" "학생들은 교실에 와서 잠만 자고, 고3 학생들은 EBS 문제만 푼다"

라고 말합니다. 이처럼 학교는 이제 입시 준비 기관이 되어버렸고, 더 이상 자유롭게 탐구하고 이야기할 수 있는 공동체적 공간이 아닙니다.

대화적 스승과 무지한 스승

이러한 교육 환경 속에서 우리는 어떤 선생이 되어야 할까요. 다시 『페다고지』와 『무지한 스승』으로 돌아와 생각해봅니다. 20세기 해방 교육을 대표하는 두 책은 공통적으로 '모든 교육 활동은 가치중립적일 수 없다'라는 전제에서 출발합니다. 교육 활동은 기존 체제의 논리를 수용하고 그 체제를 유지하는 데 도움이 되든지, 이와 반대로 기존 체제에 대한 문제 제기와 변혁을 통해 새로운 체제를 만드는 역할을 하든지, 둘 중 하나라는 것입니다. 어떤 분은 변혁이라는 말이 부담스러워서 자신은 중립적인 교사라고 생각할 수도 있습니다. 하지만 이 두 책은 우리에게 냉철하게 자문해보라고 권유합니다. 분명히 둘 중 하나에 속하는 교육을 하고 있다는 것이지요.

그리고 두 저서의 또 다른 공통점은 설명식 교육이나 주입식 교육에 반대한다는 것입니다. 대부분의 교사들은 주입식 교육보다 자율적인 토론이나 대화적 수업을, 그리고 체벌이나 물리적 제재 없이 개인의 개성과 본질을 발견하는 교육을 더 바람직하다고 생각합니다. 그런 구체적인 사례와 실험을 모색한다는 점에서 두 저자는 비슷합니다.

두 저서의 차이점도 있습니다. 파울로 프레이리의 『페다고지』에서는 '대화'를 매우 중요시합니다. 프레이리는 지식을 계속해서 쌓는 적립식 교육이 아니라, 대화를 통해 새로운 지식이 파생되고 생성되는 교육이어야 한다고 생각했습니다. 그런 점에서 파울로 프레이리가 지향한 교사상은 '대화적 스승'이라고 부를 수 있습니다.

반면에 자크 랑시에르는 『무지한 스승』에서 대화적 교육만으로는 부족하다고 말합니다. 오히려 '무지한 스승'에 의한 교육이 근본적으로 더 해방적인 교육이 될 수 있다고 생각했습니다. 그러면 어떤 분들은 교사가 공부를 안 하고 무식해도 좋고, 학생들에게 모든 것을 떠넘기는 자유방임 교육을 하자는 말인가 하고 반문할 수도 있습니다. 하지만 그건 아닙니다.

자크 랑시에르는 '무지'보다 '무시'가 교육 현장에서 더 큰 해악이 될 수 있다고 보았습니다. 학생이 자기 자신을 무시하고, 교사가 학생을 무시하고, 때로는 교사가 자기 자신을 무시할 수도 있습니다. 교사나 학생이나 모르는 것이 있으면 공부하면 됩니다. 하지만 자기 자신 또는 학생을 무시하는 교사는 무지한 교사보다 더 나쁘다는 뜻입니다.

또한 그는 필요한 것과 필요하지 않은 것, 가능한 것과 불가능한 것을 미리 정해놓고 그 틀 안에서 하는 교육은 제대로 된 교육이 아니라고 합니다. 그는 교사가 안 가르치면 학생 스스로가 배운다고 믿습니다. 물론 여기에는 중요한 전제가 있습니다. 사람은 누구나 평등한 지적 능력을 타고났다는 것입니다. 자크 랑시에르는 아이큐(IQ) 신화를 부정합니다. 그는 교사가 잘 정리해서 효율적으로 가르치는 것보다 학생 스스로 탐구하면서 원리를 깨달아가는 것이 제대로 된 교육이라고 주장합니다.

저의 경험을 말씀드리자면, 제가 시에 흥미를 느낀 것은 국어 수업 덕분이 아니었습니다. 중학교 시절 시의 매력을 경험한 후로 시를 읽고 쓰는 법을 막막하지만 혼자서 터득해 나갔습니다. 처음으로 용돈을 털어 산 시집이 강은교의 『풀잎』이었는데, 무척 어려운데도 뭔가 대단히 끌리는 게 있었습니다. 그래서 읽고 또 읽었습니다. 그렇게 만난 몇 권의 시집이 시 쓰기의 첫 스승이었습니다. 아무도 그 시들에 대해 설명해주지 않았지만, 반복해서 읽으면서 '시를 쓰고 싶다'는 충동을 느꼈습니다. 제가 혼자 시를 배워나가던 과정을 떠올려보면, 자크 랑시에르의 말이 맞는 것 같습니다.

또 제 딸이 제천 간디학교에서 마지막 학기를 보낼 때의 일입니다. 자신이 직접 탐구할 주제를 정해 인문학 공부를 진행했는데, 그 아이가 정한 주제는 '왜 인간에게는 철학하는 삶이 필요한가'였습니다. 저는 직접적인 조언을 하는 대신 그 주제를 탐구하는 데 도움이 될 만한 책들을 골라 소포로 부쳐주었습니다. 결국 부모와 교사는 아이가 선택하는 방향을 지켜보면서 도움을 주는 조력자일 뿐입니다.

은행 저금식 교육 vs 문제 제기식 교육

파울로 프레이리는 빈민촌에 사는 가난한 농부의 아들로 태어났습니다.

당시 브라질의 문맹률이 어마어마하게 높았기 때문에 그는 일찍부터 문맹 퇴치 운동을 했습니다. 그는 사람들에게 글을 가르치는 것이 자신과 사회를 인식하는 데 가장 필수적인 일이라고 생각했습니다. 그러다 쿠데타가 일어나면서 칠레로 망명했습니다. 그는 그곳에서도 민중 교육을 위해 헌신했고, 그 과정에서 얻어진 결과물이 바로 『페다고지』입니다. 그래서 『페다고지』에는 '피억압자의 교육'이라는 부제가 붙어 있고, 우리가 1980년대에 자주 사용했던 용어들이 눈에 띄기도 합니다.

가장 중요한 용어 중 하나가 '의식화'입니다. '의식화'는 1960년대 중반에 브라질 주교였던 카마라 신부가 주도했던 토론 집단에서 처음 등장한 말입니다. 당시에는 가톨릭교회가 빈민 교육에서 중요한 역할을 담당했기에 의식화라는 말이 민중 교육과 관련해서 중요한 키워드가 되었습니다. 파울로 프레이리는 '의식화'라는 말을 단순히 의식을 발달시킨다는 중립적인 의미가 아니라, 잘못된 현실을 변혁시킬 수 있는 실천과 성찰의 주체로 만든다는 의미로 사용했습니다. 그러면서 지금까지의 교육을 은행 저금식 교육이라며 비판합니다. 교사는 가르치고 학생은 배운다, 교사는 말하고 학생은 듣는다, 교사는 모든 것을 알고 있고 학생은 아무것도 모른다, 이런 전제들 속에서 교육이 이루어져 왔다는 것이지요.

만약 어떤 학생이 선행 학습을 해 와서 교사에게 추궁하듯이 질문을 던진다면 그 교사는 어떤 기분이 들까요? 아마 뛰어난 학생이라고 칭찬하기보다는 자신의 권위가 훼손된 것처럼 불쾌감을 느낄 것입니다. 무의식중에라도 교사가 학생보다 더 많이 알아야 한다고 생각하기 때문입니다.

또한 파울로 프레이리는 교사가 학습 과정의 주체이고, 학생은 그것을 받아들이는 객체로 보는 것도 잘못되었다고 주장합니다. 교사는 흔히 지식의 권위와 직업상의 권위를 혼동하거나, 자신이 학생들의 자유를 통제할 수 있는 위치에 있다고 생각하곤 합니다. 그러나 그런 태도와 인식도 반대 화적 행동이라는 것입니다.

교육이란 A가 B에 관해서 교육하는 것도 아니고 A가 B를 위해서 무엇을 가르치는 것도 아닙니다. 프레이리는 'A와 B가 서로 대등하게 소통하며 변혁을 위한 해방 교육의 장을 여는 것이어야 한다'고 말합니다. 그는 '대화'를 인간이 자신의 정체성을 찾아가는 해방과 실천의 과정으로 파악합니다. 만약 교육에 있어서 대화가 박탈되어 있다면 그만큼 억압을 받고 있다는 증거입니다.

대화를 하려면 최소한 두 사람 이상이 있어야 합니다. 다층적인 대화를 하기 위해서는 여러 명이 공동체를 이루어야 합니다. 이렇듯 대화는 혼자가 아니라 다른 누군가를 반드시 필요로 합니다. 어떤 교사는 학생들에게 토론의 기회를 많이 주고 문답식 교육을 하는 것이 대화식 교육이라고 생각합니다. 하지만 파울로 프레이리가 말하는 대화식 교육은 교수 방법론으로서가 아니라 교육의 기본적인 모델에 가깝습니다. 그런 점에서 새로운 교육은 은행 저금식 교육이 아니라 문제 제기식 교육이어야 합니다.

그렇다면 문제 제기식 교육은 무엇일까요? 이것은 '안다는 것'과 '존재한다는 것'을 결합하는 데서 비롯됩니다. 여기서 '앎'이란 '놀리지(knowledge)'가 아니라 '노잉(knowing)'입니다. '존재'도 '비(be)'가 아니라 '빙(being)'입니다. 다시 말해 현재 진행형인 것입니다. 안다는 것과 존재한다는 것은 계속 변화하면서 예정되지 않은 방식으로 진행됩니다. 그 과정에서 문제가 새롭게 생성되고 거기서 다시 해결점을 찾게 됩니다.

자신이 알지 못하는 것도 가르칠 수 있다

지금부터는 자크 랑시에르의 『무지한 스승』에 대해 살펴보겠습니다. 1987년에 출간된 이 책은 당시 프랑스 교육계의 유명한 논쟁과 연관이 있습니다. 1981년 사회당의 미테랑 대통령이 당선되자 교육개혁이 대대적으로 이루어집니다. 진보 성향이던 사회당에 걸맞게 전인교육, 평등 교육, 계급 간 학력 격차 해소 등이 주요 교육정책이 되었습니다. 그런데 3년 뒤 공화당이 집권하면서 문제가 발생합니다. 엘리트주의에 기반한 기초 학력 강화, 시험 강화, 선발 제도 강화, 그리고 공민 교육으로서의 정치 이데올로기 강화 등 교육의 흐름이 급격히 보수화되었습니다.

바로 이때 자크 랑시에르는 『무지한 스승』이라는 책을 내며 논쟁에 개입했습니다. 그런데 그는 사회당이나 공화당 어느 쪽 편도 들지 않았습니다. 두 그룹이 얼핏 달라 보이지만 근본적인 점에서는 크게 다르지 않다고 여겼기 때문입니다. 두 당은 모두 현실적인 불평등이라는 전제에서 출발해 평등으로 가는 것을 목표 삼았을 뿐, 교육에 내재한 근본적인 불평등에 대해 언급하지 않았다는 점에서는 마찬가지였으니까요. 이에 랑시에르는 '평등'을 출발점으로 삼아야 한다고 주장합니다.

『무지한 스승』의 중심인물은 19세기에 살았던 '자코토'라는 사람입니다. 이 책은 "1818년 루뱅 대학 불문학 담당 외국인 강사가 된 조제프 자코토는 어떤 지적 모험을 했다"라는 문장으로 시작됩니다. 자크 랑시에르는 왜 150년 전에 살았던 사람의 교육 실험을 끌고 와서 '무지한 스승'이라는 모델을 이야기하고 있을까요?

프랑스 디종의 푸줏간 집 아들로 태어난 자코토는 어려서부터 공부를 잘해 이미 14살 때 수사학 대리 강사를 할 정도였습니다. 특히 문학과 수학을 잘했습니다. 열아홉 살에는 변호사 시험에 합격했고, 나중에는 국회의원도 됩니다. 그런데 이런 천재들의 경우 정치적 격변기에 불운한 일을 겪기 마련이지요. 국회의원이던 자코토는 부르봉 왕가가 복귀되면서 네덜란드로 망명합니다. 그리고 네덜란드 왕으로부터 프랑스어 강사 자리를 얻게 됩니다.

그러나 갑자기 망명했기에 그는 네덜란드어를 전혀 몰랐습니다. 자코토는 당시 베스트셀러였던『텔레마코스의 모험』이라는 책을 구입해 학생들에게 나눠줬습니다. 프랑스어와 네덜란드어 대역판인 그 책을 한 권씩 나눠주고 아무 설명도 없이 무조건 읽고, 쓰고, 외우게 했습니다. 그러는 동안 학생들은 양쪽 언어의 공통점들을 발견해 나갔고, 단어와 문법도 스스로 터득하게 되었습니다. 이 책 한 권을 다 뗐을 때는 학생들이 프랑스어로 제법 괜찮은 문학적 문장을 구사하게 되었다고 합니다. 자코토의 이러한 교육법

자크 랑시에르는 설명자 중심의
교육 방법을 바꿔야 한다고 주장합니다.
또 교육에서 유능한 학생과 무능한 학생을
나누는 것이 얼마나 폭력적이며
교육의 가능성을 차단하는 것인지를 역설합니다.
'무지'보다 더 나쁜 것이 '무시'입니다.
진정한 의미에서 무지한 스승은
학생의 잠재력을 무한히 신뢰하고,
그 잠재력이 특정 시기와 환경에 따라
각기 다르게 발현된다는 사실을
받아들이는 사람입니다.

은 상당한 관심을 끌었지만, 당시 교육의 주도권을 잡고 있던 지배층은 자코토가 기존의 제도 교육을 무너뜨린다며 비난했습니다.

아무튼 자코토는 학생이 교사의 설명을 듣지 않고도 스스로 탐구함으로써 새로운 언어를 습득할 수 있다는 사실을 몸소 증명했습니다. 그런 점에서 보면 『무지한 스승』은 세 가지 층위의 모험담을 담고 있습니다. 첫째는 『텔레마코스의 모험』이라는 텍스트 속의 모험을 함께 나눈 것이며, 둘째는 그 책을 가지고 외국어를 가르치는 데 성공한 것이며, 마지막은 자코토라는 이름을 150년 만에 호명하여 '무지한 스승'이라는 새로운 교육적 모델을 제시한 것입니다.

자크 랑시에르는 자코토를 통해 설명자 중심의 교육 방법을 바꿔야 한다고 주장합니다. 또한 교육에서 원천적으로 유능한 학생과 무능한 학생을 나누는 것이 얼마나 폭력적이며 교육의 가능성을 차단하는 것인지를 역설합니다. 앞서 말한 것처럼, '무지'보다 더 나쁜 것이 '무시'입니다. 진정한 의미에서 무지한 스승은 학생의 잠재력을 무한히 신뢰하고, 그 잠재력이 특정 시기와 환경에 따라 각기 다르게 발현된다는 사실을 받아들이는 사람입니다.

한국어로 번역되지는 않았지만, 자코토도 『보편적 가르침』이라는 책을 썼습니다. 그는 여기서 세 가지 원리를 설명해놓았습니다. 첫째는 모든 사람은 동등한 지적 능력을 가지고 있다는 것이고, 둘째는 누구나 자신이 알지 못하는 것을 가르칠 수 있다는 것입니다. 자코토의 무덤에 가면 이런 말이 새겨져 있다고 합니다. "나는 신이 스승 없이도 스스로를 지도할 수 있는 인간 영혼을 창조했다고 믿는다."

그리고 셋째는 '모든 것은 모든 것 안에 있다'는 것입니다. 이 말은 전체가 개별적인 것 안에 있다는 뜻입니다. 그가 『텔레마코스의 모험』이라는 책 한 권으로 프랑스어 전체를 가르친 것이 그런 예에 해당될 것입니다. 우리는 모든 것을 일일이 배우려고 하니까 어려운 것입니다. 하나를 깊이 탐구하고 거기서 모든 것의 원리를 끌어내면 나머지는 추론할 수 있습니다. 하나라도 잘 연결하면 그 다음부터는 전혀 낯선 것들을 연관시켜 전체적인 원리를 끌어낼 수 있을 것입니다.

미트라의 교육 실험
'벽에 난 구멍'

자코토의 실험 이후 흥미로운 실험이 또 있습니다. 인도의 물리학자이자 컴퓨터 공학자인 수가타 미트라의 '벽에 난 구멍'이라는 실험인데요. 그는 1999년 뉴델리의 빈민가에서 다음과 같은 실험을 했습니다. 자신의 사무실 한쪽 벽면에 구멍을 내고 거기에 컴퓨터를 설치했습니다. 컴퓨터 프로그램은 인도어가 아니라 영어로 되어 있있습니다. 그는 누구나 건물 밖에서 컴퓨터를 조작할 수 있도록 키보드와 모니터를 설치하고 인터넷도 연결해 놓았습니다. 그랬더니 호기심 있는 아이들이 몰려들었습니다.

그는 아이들이 "선생님, 이게 뭐예요?" 하고 질문하는데 아무것도 가르쳐주지 않았습니다. 그저 "재미있는 기계인데 한번 해보렴" 하고 자리를 떠났습니다. 그런 뒤 석 달 만에 돌아왔는데, 컴퓨터도 영어도 모르는 애들이 컴퓨터 게임을 하고 있더랍니다. 누가 가르쳐주지 않았지만 스스로 원리를 체득한 것입니다. 방법은 간단했습니다. 영어를 좀 하는 아이들과 먼저 와서 시행착오를 겪은 아이들이 나중에 온 아이들한테 원리를 설명해주었지요. 그렇게 협동 학습으로 컴퓨터의 원리를 깨우치고, 게임까지 할 수 있게 발전한 것입니다.

수가타 미트라는 두 번째 실험을 했습니다. 추상적이고 이론적인 지식도 독학이 가능한지를 알아보려고 이번에는 분자생물학에 관한 영어 자료들을 컴퓨터에 깔아놓았습니다. 처음에는 아이들에게 잘 살펴보라는 말만 남기고 떠났고, 나중에는 동네 아이들을 잘 아는 '엔지오(NGO)' 출신의 젊은 여성에게 조력자 역할을 해달라고 부탁했습니다. 그녀의 역할은 아이들이 계속 잘할 수 있게 질문을 던지는 것이었습니다.

그렇게 75일씩 학습 기간을 주고 시험을 보게 했습니다. 전자의 경우는 평균 정도의 성적을 받았고, 후자의 경우는 일반 학교보다 좀 더 높은 수준의 지식을 습득하고 있음이 드러났습니다. 여기서 중요한 것은 그 조력자가 분자생물학에 대해 전혀 모르는 사람이었다는 점입니다. 조력자가 내용을 몰라도 학습에 충분히 긍정적인 영향을 미칠 수 있다는 사실이 입증된 것입니다. 수가타 미트라는 이 실험들을 통해 '최소개입학습'이나 '자기조직학습체계' 등을 끌어냈습니다. 오늘날 교수법에서 강조되는 '자기주도적 학습'이라든가 '문제해결식 수업' 등도 비슷한 원리라고 할 수 있습니다.

자코토와 수가타 미트라의 실험은 개인의 학습과 공동체적 협동 학습이라는 점에서 차이가 있습니다. 개인의 학습은 개별 학생들의 수준 차이가 나고 더딘 반면에, 공동체적 협동 학습은 개인차가 적고 효과도 훨씬 좋습니다. 제가 알고 지내는 초등학교 선생님 중에 분교에서 아이들을 가르치는 분이 계신데, 그 반 학생 수가 2명이라고 합니다. 한 명은 농부의 아이이고 다른 한 명은 같은 학교 교사의 아이인데요. 농사 시간이 되면 농부의 아이가 선생님과 나머지 아이를 가르친다고 합니다. 어깨너머로 부모에게 배운 농업 기술을 전수해주는 것이지요. 자코토와 수가타 미트라의 실험에서도 나타난 것처럼, 어떤 부분에서는 아이가 어른의 스승일 수도 있겠다는 생각이 듭니다.

일상에서 예술을 향유하고 창조하는 사람들

이제는 『무지한 스승』이 제시한 관점을 예술교육에 어떻게 적용시킬 수 있을지 살펴보겠습니다. 먼저, 어디까지를 예술 또는 예술가라고 볼 것인지부터 논란거리입니다. 문학의 예를 들자면, 신춘문예나 문예지 등 제도적 인준을 통해 등단한 작가가 쓴 작품만을 문학으로 볼 것인가, 아니면 일상에서 문학을 향유하고 창조하는 사람은 누구든지 문학의 주인공이 될 수 있는가 하는 것입니다. 문학이나 예술의 범주를 어떻게 규정하느냐에 따라 달라지기 마련이니까요. 심보선 시인의 『그을린 예술』을 보면 일흔 살이 넘어서야 글을 배운 할머니들 이야기가 나옵니다. 작년에는 칠곡 할머니들이 처음으로 쓴 시들을 모은 『시가 뭐고?』가 출판되기도 했지요. 생활의 결이 구체적으로 살아 있는 이 소박하고 정직한 시편들을 과연 '문학성'이라는 잣대만으로 평가할 수 있을까 하는 생각이 듭니다. 문맹에서 벗어나 시를 써보는 경험 자체가 그분들의 삶에 일으킨 변화는 적지 않을 것입니다.

〈광부화가들〉이라는 연극은 실화를 바탕으로 했다는데, 그 내용은 이렇습니다. 영국 북부의 탄광촌 애싱턴에 있는 노동자 교육협회에 라이언이라는 미술 강사가 오게 됩니다. 태어나서 한 번도 미술작품을 감상해보지 못한 광부들에게 그림을 가르치려니 눈앞이 막막했습니다. 여러 궁리 끝에 그는 '당신들이 그리고 싶은 것을 무작정 그려보라'며 물감과 팔레트를 나눠주었습니다. 그런데 처음으로 붓을 잡아본 광부들이 예상 밖으로 표현이 풍부하고 개성적인 그림을 그려냈습니다. 뿐만 아니라 모두들 너무나 행복해했습니다.

특히 올리버라는 광부는 솜씨가 너무도 빼어나서, 어떤 후원자가 이런 제안을 했습니다. "당신은 이제 광부 일을 그만두고 그림만 그리시오. 내가 아틀리에도 마련해주고 그림 재료와 생활비도 지원해줄 테니. 그림만 팔아서 먹고살게 해주겠소"라고 말입니다. 하지만 그 광부는 편안한 생활이 보장된 화가의 삶을 포기하고 그냥 광부로 남겠다고 사양했습니다.

광부들에게 그림을 그린다는 것은 전문 예술가가 되기 위한 것도 아니었고, 그림을 상품화된 가치로 환산받기 위한 것도 아니었습니다. 컴컴한 갱

도에서 느꼈던 공포, 노동의 고단함, 가족과 나누는 소소한 기쁨 등 광부로 살아가면서 느꼈던 삶의 감정을 표현하기 위한 것이었습니다. 그러한 진솔함 때문에 오히려 그들의 그림은 감동을 줄 수 있었을 것입니다.

〈웨이스트 랜드(Waste land)〉라는 다큐멘터리에서도 비슷한 경우를 볼 수 있습니다. 이 영화의 배경은 세계 최대의 쓰레기 매립장이 있는 브라질의 리우데자네이루입니다. 거기에는 재활용품을 주워 팔아 하루하루 생계를 유지하는 사람들이 많은데, 그들을 카타도르라고 부릅니다. 어느 날 브라질 출신의 세계적인 사진작가인 빅 무니즈는 고국으로 돌아가 쓰레기 매립장에서 2년 넘게 그들과 함께 지냅니다.

빅 무니즈는 카타도르들의 사진을 찍고, 그들과 대화를 나눕니다. 그리고 그들로 하여금 작업실 바닥에 자화상을 그려놓고 쓰레기들을 주워다 완성하게 합니다. 빅 무니즈는 높은 곳에서 그들이 만든 초상화를 찍어 사진으로 인화합니다. 그런 다음 실제 인물 사진과 쓰레기로 완성된 초상화를 나란히 전시합니다. 이 전시회는 사람들에게 큰 반향을 일으킵니다.

〈웨이스트 랜드〉는 카타도르들의 삶을 기록만 하는 것이 아니라, 카타도르들이 삶의 질료로 그림을 완성하는 과정을 통해 '예술이란 무엇인가'를 우리에게 되묻습니다. 영화 중간중간에 인터뷰가 나오는데, 그들은 처음에 쓰레기 매립장을 버려진 곳, 미래가 없는 땅이라고 말합니다. 그런데 시간이 지날수록 쓰레기로 많은 것을 만들 수 있다고 말하고, 자신이 만든 것들이 예술이 되는 경험이 너무 놀랍다고 감탄합니다. 이런 과정을 통해 카타도르들 역시 예술을 경험하고 창작의 기쁨을 느끼는 것입니다.

그들은 제도권 예술가가 되고 싶어 하는 게 아니라, 그리는 행위를 통해 자신의 정체성을 되찾습니다. 창작의 경험을 한 이후로는 자신들이 얼마든지 새로운 삶을 살 수 있고, 무한한 잠재력을 갖고 있다고 생각하게 된 것이지요. "예술이란 무엇이라고 생각하느냐?"고 묻자, 한 카타도르가 이렇게 대답합니다. "기성의 예술이야말로 쓰레기입니다. 내가 아무리 봐도 모르는 거니까."

누군가에게 아름다운 예술이 다른 누군가에게는 쓰레기에 불과할 수도 있다는 것, 자크 랑시에르가 『무지한 스승』에서 강조했듯이 모든 사람은 예술적 잠재력이나 창조력에 있어서도 평등한 존재라는 걸 여기서도 확인하게 됩니다.

무용 분야에서 그런 실험을 보여주는 예로는 〈피나 바우쉬의 댄싱 드림즈〉를 들 수 있습니다. 이 작품은 무용을 전공하지 않은 평범한 십대의 문제아들을 선발하여 피나 바우쉬의 대표작 중 하나인 〈콘탁트호프(Kontakthof)〉라는 공연을 준비하는 과정을 찍은 다큐멘터리입니다. 공연 준비 과정을 통해 청소년들은 억눌렸던 감정을 표현하고 친구들과 진정한 의사소통을 하며 해방의 에너지를 얻게 됩니다. 청소년들이 예술을 통해 내면적 억압을 어떻게 극복하고 자신의 잠재력을 발견해 가는지를 보여주는 좋은 사례입니다.

지금까지 말씀드린 사례들에서 보았듯이 문학, 연극, 미술, 무용, 문학 등 예술교육에서는 주입식 교육이나 기계적 훈련보다는 스스로 체험하게 함으로써 자기표현의 즐거움을 느끼는 것이 더 중요합니다. 그들이 만든 작품의 완성도와는 별개로 자신의 정체성을 발견하고 삶의 변화를 꿈꾸게 되는 것, 이것이 바로 우리가 예술을 배우고 공유하는 이유입니다.

예술은 어떻게 삶이 되는가

정부는 지난 2005년 문화예술교육 지원법을 제정한 이후 예술교육을 활성화하기 위한 정책을 모색하고 지원을 늘려나가고 있습니다. 특히 제7차 교육과정에서는 학습자의 능동성과 주체성, 자기주도성, 개별화 교육을 지향하고, 창의적 재량활동을 통한 통합교육을 강조하고 있습니다. 그러나 과도한 입시 경쟁과 지식 중심의 주입식 교육 풍토가 근본적으로 개선되지 않는 한, 학교 현장에서 제대로 된 예술교육이 이루어지기는 어려울 것입니다. 교육과정은 달라졌지만, 실제로는 입시교육에 방해가 된다는 이유로 예체능 수업을 없애거나 다른 수업이나 자습시간으로 대체하는 경우가 많습니다.

하지만 우리는 예술 과목이 과연 부차적이거나 불필요한 것인지를 재고해봐야 합니다. 예술 과목에서만 배울 수 있는 것들이 분명히 있습니다. 분과적인 지식교육의 한계를 넘어 학생들이 몸과 마음이 통합된 인격체로 성장하기 위해서는 무엇보다도 미적 체험이 필수적입니다. 제대로 된 예술교육은 예체능계 과목을 정상화하거나 몇 시간 늘리는 데 그치지 않고, 예술을 교육의 중심으로 삼고 교육 전체를 감싸는 일종의 베이스로 전면에 내세워야만 가능합니다.

영국이나 미국에서는 예술 관련 교과가 전체 교육과정의 30% 이상이며, 정규 수업 외에도 질 높은 예체능 프로그램을 제공하고 있습니다. 음악 레슨은 시 교육부가 직접 관할하고 교사도 심사를 통해 선발합니다. 집에서 받는 개인 레슨과 학교에서 받는 레슨을 선택할 수 있는데, 레슨 교사는 학교 행사나 연말 등 특별한 시기에 연주회를 열어 음악을 실연하고 즐기는 기회를 자주 가지게 합니다. 또 공립학교 학생들은 매일 1시간씩 운동을 하는데 축구, 배구, 농구, 체조, 발레 등 자신이 원하는 그룹을 선택할 수 있습니다. 수영은 필수과목으로 초등학교 3~4학년부터 배우며, 특히 독일의 경우 거의 대부분의 학생들이 인명구조요원 자격증을 따고 졸업한다고 합니다. 여기에는 예체능 과목이 학생들의 건강과 안전뿐 아니라 인성과 창의성 발달에도 절대적으로 중요하다는 인식이 깔려 있는 것이지요.

하버드 대학교 교수인 제시카 호프만 데이비스는 『예술은 어떻게 삶이 되는가』에서 예술의 교육적 효과로 다음의 다섯 가지를 들고 있습니다. 첫째, 예술은 자신의 생각이나 감정을 유형의 결과물로 만들어놓는 것이기에 제 손으로 무언가를 창조했다는 기쁨을 준다는 것. 둘째, 예술은 지식 위주의 교육으로 감정을 억압하기 쉬운 학생들에게 자기감정에 집중하고 마음껏 표현하게 한다는 것. 셋째, 예술은 정답이 없기에 누구나 의미를 획득할 수 있고 다양한 해석이 공존하는 영역이라는 것. 넷째, 예술은 탐구와 성찰의 과정으로서 결과보다 그 과정 자체가 소중하며 결과물의 우열보다는 과정의 충실도로 평가 받아야 한다는 것. 다섯째, 예술은 일종의 관계 맺기로써 다른 친구들, 다른 분야, 다른 예술 장르들을 넘나들며 결합해보는 경험을 제공한다는 것. 이 다섯 가지 특징들은 다른 지식 교육과 변별된 예술교육만의 강점이라고 할 수 있습니다.

마지막으로, 제시카 호프만 데이비스가 1967년부터 진행하고 있는 '프로젝트 제로(Project Zero)'에 대해 말씀드리겠습니다. '프로젝트 제로'라는 표현에서 우리는 지능에 대해 아무것도 모르며, 그렇기에 지능으로 우등생과 열등생을 구별할 수 없다는 의미를 읽어낼 수 있습니다. 모든 학생이 무한한 가능성과 동등한 역량을 가지고 있으므로 그것들을 어떻게 끌어낼 수 있는지를 연구하는 프로젝트입니다. 그곳에서는 특히 예술을 통해 교육을 개선하고 학생의 창의성을 길러주는 방법에 대한 연구를 꾸준히 해오고 있습니다. 그가 제안하는 예술 수업에서는 학생 스스로 배움을 이끌어 나가고, 교사는 학생의 중심적 역할을 존중하고 돕는 협력자입니다. 랑시에르가 말한 '무지한 스승'의 역할과 비슷합니다. 이렇게 누구에게나 평등하게 열려 있는 가능성을 신뢰하고 존중하는 교사의 역량이 가장 풍부하게 실험되고 창조될 수 있는 영역은 바로 예술입니다.

Q & A
미니 인터뷰

Q 아이들은 교실에 와서 잠만 자거나 학원 숙제를 하고, 고3 학생들은 EBS 문제만 푼다는 학교 이야기를 많이 듣는다고 하셨는데요. 이처럼 공교육이 무너지고 교사가 손쓸 수 없는 부분이 많은 현실에서 교사가 아이들에게 무엇을 해줄 수 있을지 답답합니다.

A 언젠가 청소년 캠프에 가서 김남주 선생님의 시와 삶에 대한 강의를 한 적이 있어요. 김남주 선생님의 시가 오늘날 시인이나 우리에게 주는 바가 무엇인지 이야기를 하면서 선생님의 시를 몇 편 같이 읽기도 했습니다. 그중에서 「이 가을에 나는」이라는 시를 읽고 나서 아이들에게 '이 가을에 나는 뭐 하고 싶다' 하는 형식으로 한 문장씩 이야기해보라고 했어요. 그때 제가 정말 충격을 받은 게 뭐냐면 아이들의 절반 이상이 '쉬고 싶다' '가만히 있고 싶다' '이 가을에 나는 학교에 안 가고 싶다' 이런 말을 했어요. 뭔가 능동적으로 '이 가을에 무언가를 하고 싶다'고 말한 아이는 40명 중에 단 2명이었어요.
'여행을 하고 싶다' 정도의 소망도 갖지 못하는 아이들이라니, 이게 말이 되나요. 그래서 정말 요즘 아이들에게 학교라는 곳은 수업이 아니라 강제노동을 하는 현장이 되어버린 게 아닌가 하고 놀랐습니다. 그런 아이들을 여러분이 해방시켜주면 좋겠어요. 숨을 쉬고 웃을 수 있도록 돕는 일. 거기서부터가 시작일 것 같습니다.

Q 랑시에르는 IQ 신화를 부정하고 누구나 평등한 지적 능력을 타고났다는 확신을 가졌다는데, 저도 이 말을 믿고 싶지만 솔직히 실제로 아이들을 보면 지적 능력의 차이를 부정하기가 힘듭니다. 그리고 가르치지 않고 스스로 배운다는 것에 대해서도 실제로 학교에서 어떻게 가능한가 싶습니다. 이에 대해 좀 더 설명해주시면 좋겠습니다.

A IQ 신화를 부정한다는 것은 곧 평등성을 발현하지 못한 교육 시스템이나 사회 문제를 더 강조하는 것입니다. 또 학생 스스로가 탐구하려면 교재가 필요하겠죠. 교재나 책, 텍스트가 선생님 노릇을 대신하며 학생 스스로 선생이 되어서 탐구함으로써 그 원리와 연관관계를 발견해 나가는 과정이 바로 제대로 된 교육이라고 하는 것입니다.

그러면 학교가 필요 없겠다는 생각이 들 수도 있지요. '독학하는 게 제일 좋겠네. 모두 학교 그만두고 검정고시 공부하고 인터넷 강의 들으면 효율적으로 공부가 되는 것 아냐?'라고 생각할 수도 있어요. 그런데 랑시에르는 독학을 제도 교육과 대비시켜서 양립할 수 없는 것으로 생각했던 게 아닙니다. 그보다는 제도 교육 내에서 학생들 스스로 가능성을 발견하고 탐구 주제를 끌어내고 그것을 실현해 나가는 과정을 선생이 극대화시켜줄 방법을 모색하기를 강조하는 것이지요.

 선생님도 학교에서 교사로 일하신 적이 있다고 하셨는데, 어떤 선생님이셨을지 궁금합니다.

 저는 모범적인 교사는 아니었어요. 늘 허둥거리고, 고민이 많고, 체제와 매일 부딪히고, 상관과 싸우고, 윗사람들에게는 눈엣가시 같은 선생이었을 거예요. 그런데다 제가 사실은 교사가 되자마자 등단을 했어요. 교사로서의 삶과 시인으로서의 삶이 나란히 가게 된 셈이죠. 그런데 그 두 가지가 서로 다른 자질과 독점을 요구하기 때문에, 글 쓰는 일에도 집중할 수 없고 가르치는 일에도 집중할 수 없었어요. 그 사이에서 이러지도 저러지도 못한 채 갈등을 많이 하다가, 조금 더 가난하더라도 문학에 집중하겠노라 결심했어요. 그래서 "교장 선생님, 저 이번 학기까지만 하고 그만둘 겁니다" 하고 폭탄선언을 했는데 교장 선생님이 엄청 좋아하더라고요. 자르고 싶은데 제 발로 나간다니까 얼마나 좋았겠어요?

그때 저는 자청해서 상담실 근무를 하고 있었는데 말썽부리던 어떤 애가 찾아왔어요. 그 아이가 참 밝고 명랑해서 문득 "너 지금 행복하니?" 하고 물었어요. 그 애는 "정말 행복해요. 왜냐하면…" 하고는 행복한 이유를 설명했어요. 그랬더니 갑자기 그 순간 그 아이의 천진하고 행복한 느낌이 교사인 저한테 옮아와서 저도 같이 행복하다는 느낌을 갖게 되었어요. 그때 뒤늦은 후회가 들었죠. 내가 처음부터 너무 완벽한 교사가 되려고 생각하지 않았다면 학교 생활을 훨씬 행복하게 할 수 있었을 텐데, 그 생각을 왜 못했을까? 나는 왜 수업 준비 열심히 해서 5분이라도 더 가르치려 하고, 내가 선생으로서 완벽하게 역할을 해냈다는 자부심과 만족감을 느끼려고만 했을까. 그렇기에 더더욱 스스로에 대해 만족하지 못했는데, '차라리 아이들에게 질문이나 던지는 선생이었다면 내가 학교를 떠나지 않고도 훨씬 잘 지낼 수 있었을 텐데' 하는 후회가 들었답니다.

Part. 3

인문교육은 어떻게 예술교육과 결합해 생각하는 시민을 키워낼 수 있을까?

함
/
돈
/
균

인문예술융합교육과 관련해 가장 먼저 알아야 할 사실은 '인문예술융합교육'이 '문화예술융합교육'과는 다르다는 것입니다. '문화예술교육'이 상대적으로 기능적이고 정서 지향적 개념인데 비해, '인문예술교육'은 정신 지향이고 가치 지향적인 개념입니다.

인문적 관점을 제시하는
인문큐레이터로 나서다

우선 제 이야기의 취지를 보다 쉽게 이해시켜드리기 위해 제가 최근 몇 년간 하고 있는 '새로운 일'과 목적을 간단히 소개하고자 합니다. 저는 본래 문학평론가이며 현대문학비평을 전공한 인문학 연구자로서 대개의 시간을 시나 소설, 철학책 같은 인문사회과학 서적을 읽으며 보냈고, 그러한 독서 이력을 바탕으로 문학평론처럼 '전문독자'들을 상대로 한 글을 써왔으며, 문학을 전공하는 학생들을 상대로 한 전공수업이나 문학·철학 분야의 고전 읽기 등을 강의해왔습니다.

그러나 늘 지니고 있던 문제의식은 이런 종류의 강의나 책을 통한 전통적 교육 방식이 사회 일반의 차원에서 문학이나 철학을 전공하지 않은 사람들, 지식이 많지 않은 시민들이나 어린 학생들, 나아가서는 대학 문턱에

인문교육은 어떻게 예술교육과 결합해
생각하는 시민을 키워낼 수 있을까?

들어와서 '전문적으로' 어떤 공부에 몰두할 기회를 가져볼 수 없었던 시민 일반에게 좋은 생각들을 얼마나 쉽게 이해시킬 수 있으며, 시민적 삶의 일상에 깊이를 더하게 하는 데에 과연 실질적으로 기여할 수 있는가 하는 것이었습니다.

특히 한국사회가 물질적으로 외형적 성장을 해왔음에도 불구하고 그에 상응하는 정신적 성숙을 이루지는 못하고 있다는 생각이 들면서, 인문학을 연구하고 강의해온 교육자로서 더 심각한 고민에 빠지게 되었습니다. 특히 배운 사람이나 배우지 않은 사람이나, 가진 사람이나 가지지 않은 사람이나, 나이 든 사람이나 젊고 어린 사람이나 가릴 것 없이 한국사회 곳곳, 각계층, 직업사회에서 벌어지는 사회적 갈등과 극단적 이기주의, 공공성 부재 상황은 제게 큰 충격을 주었습니다.

늘 책상 앞에 혼자 있는 '고독한' 문학평론가였던 제가 동료·선배 인문학자·작가들과 함께 '시민행성'이라는 인문조직을 결성해서 '운동으로서의 인문학'을 모델로 한 활동을 시작하게 되고, 한편으로는 문학평론 외에 보다 폭넓은 독자들을 상대로 한 '인문적 글쓰기'를 쓰기 시작하게 된 것은 이러한 문제의식 때문입니다. 그러다보니 이러한 문제의식을 필요로 하는 공공기관이나 교육 프로그램에 인문적 관점을 매개하거나 접목시키는 '인문기획자'(저는 이러한 제 활동을 '인문큐레이터'라는 명칭으로 공식 제안하고 있습니다)로 역할이 확장되며 좀 더 적극성을 띠게 되었습니다.

인문정신으로 접근하는
인문예술융합교육

이러한 과정에서 종래에는 가져보지 못했던 인문교육의 방법론과 활동 방식이 생겨나게 되었는데, 그것이 바로 이른바 '인문예술융합교육'입니다. 이것은 아마 한국사회의 모든 교육자들, 인문학자, 예술가들이 그동안 깊이 생각해보지 못했던 방법론일 겁니다. 왜냐하면 '문화예술'이라는 말은 써봤어도 '인문예술'이라는 결합 개념은 없었으며, 이른바 '융합'이 유행어처럼 되어버린 시대임에도 불구하고 여전히 '융합'의 개념이나 방법론이 모호할 뿐만 아니라, 융합의 경우에도 주로 문과와 이과의 융합, 즉 인문학과 과학의 융합이 주로 이야기되고 있기 때문입니다. 그러나 저는 앞으로 인문과 예술, 나아가 인문과 예술과 테크놀로지(과학)의 융합이라는 것이 시대의 큰 추세가 될 것임을 여러 정황에 근거하여 짐작하고 있습니다. 그러나 제가 이 자리에서 얘기하고 싶은 것은 융합을 학문의 차원에서가 아니라 교육, 특히 공공성을 매개로 한 창조적 (시민)인문교육의 차원에서 접근하는 방법입니다.

이런 이야기들을 위해 먼저, 지금 국가정책 차원에서 일어나고 있는 새로운 흐름에 대해 알려드리고 싶습니다. 저는 민간 영역에서뿐만 아니라 정부 부처와 그 산하 공공기관에서 인문기획 관련 일을 한 경험을 갖고 있는데, 그를 통해 알게 된 특기할 만한 사실 중 하나는 지금 정부 차원에서 국가적으로 이뤄지고 있는 인문정책은 전통적인 차원의 것 외에 다른 부처에서 관할하는 일이 추가되었다는 것입니다. 인문정책을 담당해온 전통적 부처는 학교교육을 담당하는 교육부였지만, 지금은 그 외에 문화체육관광부가 추가되어 있습니다. 이것이 인문정책의 실제 실현 방법론과 관련하여 갖는 의미는 비교적 자명합니다. 학교교육을 담당해온 교육부의 경우 그동안의 인문정책이 '인문학'이라는 전통적 학문 범주를 바탕으로 교실·강의실에서 이루어지는 '강의형'과 대학의 인문학에 대한 연구 지원인데 반해, 문체부라면 그 실현 방법이 조금 다를 것을 요구한다는 사실입니다. 이것은 얼핏 보면 부처가 다른 것에서 비롯되는 행정상 접근 방식의 차이처럼 보이지만, 좀 더 자세히 들여다보면 '인문'이라는 개념을 둘러싼 시대적 요구와 의미의 변화·확장을 암시한다는 점에서 성찰해볼 지점이 없지 않습니다.

다시 말해, 앞으로도 전통적 범주로서의 '인문학'이라는 근대분과 학문 단위로서의 인문학이 존재하고 대학이나 그 밖의 강의실에서는 그것에 기초한 강의가 여전히 전통적인 방식으로 이루어지기는 할 것입니다. 그러나 '인문'이라는 개념을 '인문학'으로서가 아니라 '인문정신'이라는 차원에서 이해해보면 새로운 활동 방식이 생겨날 수도 있습니다. 그렇게 되면, 전통적 인문학의 범주를 넘어선 여타 학문이나 삶의 다양한 영역·활동 속에서 인문정신을 목표로 삼는 다양하고 자유로운 접근 방식이 가능하게 됩니다. 이제 말씀드릴 '교육운동으로서의 인문'이나 '인문예술융합교육'이라는 것도 현재의 국가정책의 큰 프레임 속에서 보면 더 잘 이해될 만한 지점이 있습니다.

인문예술융합교육과
문화예술융합교육의 차이

 일단, 인문예술융합교육과 관련하여 제가 확인하고 환기하고 싶은 것은 세 가지입니다. 첫째 '인문예술융합교육'은 '문화예술융합교육'과는 다르다는 사실입니다. 어쩌면 이것은 현재의 새로운 교육적 흐름과 관련해 가장 새로운 지점인 동시에 가장 모호하여 정책·프로그램을 제안·디자인하는 사람들에게조차 그 개념이 분명하게 인식되지 않고 있습니다. 그래서 제가 '인문예술융합교육'이나 '인문예술융합프로그램' 관련 설계를 하거나 강의할 때, 담당 부처의 정책 담당자나 책임자들에게 가장 먼저 그 차이를 환기시키려고 하지만 가장 납득시키기 어려운 지점이기도 합니다. 그런데 어쩌면 이러한 어려움은 당연합니다. 새로운 개념 설정과 관련한 부분이므로 적극적이고 창조적으로 제안되어야 하기 때문입니다.

 그렇다면 여기에서 생각해볼 가장 기본적인 차이는 '문화(文化)'와 '인문(人文)' 개념의 차이일 겁니다. 그러나 말씀드린 것처럼 이것은 어떤 사전적 차이라기보다는 규정되거나 제안되어야 하는 개념일 수 있으며, 특히 '교육'의 차원에서 고려될 때 우리 시대가 추구하는 커다란 삶의 방향이나 가치관 같은 이념의 문제와도 밀접한 관련이 있다고 생각합니다. 인문 개념과 문화 개념의 가장 큰 차이는 일단 '문화'가 '인문'보다 큰 개념이라는 사실에서 실마리를 찾을 수 있습니다. '문화'의 반대어는 '자연'인데, '인문'의 반대어는 무엇일까요? 좀 모호하지만 '인문(人文)'이라는 말을 '사람의 무늬'

즉 '사람다움'이라는 우리말로 풀 수 있다고 볼 때 인문의 반대어는 '야만' 같은 개념이 아닐까 생각해봅니다. 이는 문화가 가치중립적 개념인 데 비해, '인문'은 가치 지향적 개념이라는 사실을 암시합니다. 그래서 저는 '문화예술교육'이 상대적으로 기능적이고 정서 지향적 개념인데 비해, '인문예술교육'은 정신 지향이고 가치 지향적인 개념이라고 생각합니다.

둘째, 이처럼 '가치 지향' '정신 지향'이라고 할 때 인문예술교육은 구체적으로 무엇을 지향해야 하는 걸까요? 그것은 '인문'이라는 단어가 함의하고 있듯이 '사람다움'의 지향일 것입니다. 인문교육은 사람다움에 대한 성찰과 지향을 담고 있습니다. 물론 이 사람다움은 꼭 적극적이고 표면적인 차원에서 내세워지는 구호나 이념 같은 것은 아닐 것입니다. 이 점이 아마 적극적 이념 지향이나 가치 지향을 논리적으로 주장하고 분석하는 '사회과학'과 '인문학'의 차이일 수도 있을 것입니다. 인문학에서 연구하고 가르치는 '인간다움'이란 궁극적으로 인간다움에 대한 가치를 지향하지만, 그것을 주장이나 이념으로 전면화한다기보다는 인간에 대한 이해를 통해 '인간다움'의 여러 측면을 살피게 하고, 인간다움의 여러 가능성이 공존할 수 있는 바탕을 마련하는 방식일 것입니다. 어쩌면 그것은 소극적 수용력(negative capability)을 통해 인간성의 여러 가능성을 이해·수용하게 하는 것이 '인간다워지는 것'이라는 너그러움, 요즘 식으로 말하면 다원적 윤리를 본질적으로 내장하고 있는지도 모르겠습니다.

하지만 그렇다 하더라도 생각해보아야 할 것은, 이런 모호성만으로 가치 지향성을 내포하기는 역부족이기 때문에, 더욱이 이것이 '교육-배움'의 차원에서 고려되어야 한다면 인간다움에 대한 개념 설정에 최소한의 기준이 있어야 할 것입니다. 저는 그 중요한 기준을 '시대정신'이라고 생각합니다. 시대정신이란 한 시대의 유행이나 포퓰리즘 같은 것이 아니라, 역사의 도도한 흐름 속에서 이 시대가 갖게 된 하나의 시대적 과제이자 미래로 나아가는 전망 속에서 갖게 된 비교적 보편적이고 공평무사한 '부드러운' 이념-가치 같은 것이라고 할 수 있지 않을까요. 시대정신에는 그래서 시간적이면서도 공간적인, 즉 주체들의 역사와 요구가 스민 필연성이 담겨 있습니다.

그래서 '인간답다'라는 말도 옛날이라면 그 반대어가 '짐승 같다'라는 개념이었다고 한다면, 지금 같은 물신적 사회에서는 '기계 같다'라는 말이 더 적절하다고도 할 수 있습니다. 인간의 심성과 경쟁하는 개념이 짐승이었던 시대에 비해, 문명화되고 교육의 보편성에 의해 최소한의 짐승성을 벗어난 문명사회에서는 오히려 기계처럼 지나치게 계산적인 이성이 더 문제적인 것으로 인식되기 때문입니다. 그렇다면 같은 맥락에서 신분제 사회나 농경사회에서의 '인간다움'과 신분제가 해체된 평등 사회, 기계문명 사회에서의 '인간다움'에 대한 규정이나 이해는 다를 것입니다. 공자나 맹자가 얘기한 '인간다움'에 보편성이 있다고 한들, 그것은 농경사회와 신분제 사회 속에서의 예(禮)나 군자의 윤리를 반영하고 있기 때문에, 어떤 방식으로든 '주권재민', '다원주의', '민주사회', '자본주의', '고도기계문명'인 오늘날의 우리가 지향하는 '인간다움'과는 차이가 있을 것입니다.

즉 '인문정신'은 시대정신에 따라 다른 지향과 범주를 가질 수 있으며, '인문교육'이라는 차원에서 이 차이는 더 심도 있게 고려될 필요가 있습니다. 다시 말해 오늘날의 인문교육은 우리 시대의 시대정신을 직시할 필요가 있으며, 이 시대에 부합하는 인문교육의 지향을 갖고 그 지향을 실현시킬 수 있는 커리큘럼을 구조화하고 프로그램을 모듈화할 필요가 있습니다.

셋째, 문화예술융합프로그램이나 교육이 상대적으로 기능적이고 정서 지향적이라고 한다면, 여기에서 '문화'의 개념은 이미 '예술'이 그 의미를 포함하고 있기 때문에 매우 모호한 개념이 되며, 사실상 동어반복적인 개념입니다. 그런 의미에서 엄밀히 말해 '문화예술융합'이란 말은 성립하기 어렵습니다. 그냥 '예술교육'이라고만 해도 된다는 뜻입니다. 실제로 저는 '문화예술융합'이라는 말은 들어본 적이 없습니다. 그러므로 여기에서 '예술' 장르의 교육적 역할은 예술적 표현을 능숙하고 적절한 상태에 이르게 하는 것, 즉 예술 자체가 목표가 되는 표현 중심 교육을 의미한다고 볼 수 있습니다.

반면에 '인문예술융합교육'이란 '인문정신'이라는 내용과 목표를 실현시키기 위해 예술적 표현이나 방법을 '매개하는' 방식이라고 보는 것이 적절할 듯합니다. 여기에서 예술은 쉴러 같은 이들이 생각했듯이 '아름다운 인간성' '인간 이념' '교양 정신'에 이를 수 있는 방법론적 표현이나 도구로 적극 차용될 수 있습니다. 그러므로 이해하기 쉽게 극단적으로 말해서, 인문적 소양을 가진 교육자가 예술 텍스트를 비평할 수 있는 능력 외에 예술 장르의 창작 능력을 꼭 갖출 필요는 없음에 반해, 예술 창작자가 교사가 되는 경우에는 인문적 소양이 필수적이라고 할 수도 있겠습니다.

크리에이티브의 핵심은
정확한 관찰이다

이 지점에서 제가 특별히 강조하고 싶은 것은 인문정신과 예술이 결합하게 되는 가장 중요한 연결고리가 무엇인가 하는 것입니다. 미리 결론을 말씀드린다면, 이는 예술이 추구하는 가장 본질적인 목표 중 하나임에도 불구하고, 한국의 예술학과나 중등예술교육이 간과하고 있는 지점이기도 합니다. '예술적 재능'이나 '예술의 목표'라고 하면 제일 먼저 떠오르는 단어가 무엇입니까? 아마 많은 분들이 '크리에이티브(creative)' '창조성·창의성' '새로움'이라고 답하실 겁니다. 매우 일리가 있는 말입니다. 좋은 예술작품의 경우 대개는 '새롭기' 때문입니다. 그런데 여기에서 우리 예술교육이 더 이상 묻지 않고 넘어가는 까다로운 질문이 있습니다. '왜 새로운 것을 추구해야 하는가' '왜 창조적인 것을 추구해야 하는가' 하는 질문이지요. 제가 이 질문을 하는 까닭은 이 질문을 뒤집은 질문에 대해, 다시금 이 질문이 명백한 대답을 제시해주지 못한다고 생각하기 때문입니다. 즉 새로운 것 또는 창조적인 것의 추구가 그 자체로 긍정 명제로 인정될 수 있다면, 반대로 새롭지 않은 것, 낡은 것, 오래된 것, 익숙한 것은 그 자체로 파괴해야 할 절대악이라는 말이 수긍될 수 있어야 합니다. 그런데 정말 그런가요? 오래된 것, 낡은 것은 절대악인가요? 사실 오래된 것, 낡은 것, 익숙한 것은 삶의 안정성과 예측 가능성을 높이는 매우 긍정적인 측면과 나름의 이유가 있어 존속해온 것이기도 합니다. 이러한 존속에는 생존의 지속가능성과 관련하여 광범위한 유무형의 경험적 '지혜'가 스며 있기도 합니다. 새로운 것에 대한 강박에 빠져 있는 사회가 한국사회라고 할 때, 우리 사회가 오래된 것, 낡은 것을 쉽게 폐기처분하고 그 위에 새로운 것을 짓는 일을 그 자체로 창조적인 일로 여기는 경향이 있는 까닭도 그동안 창조(창의)에 대한 근본적 질문을 생략해온 것과 밀접한 관련이 있습니다.

그래서 저는 이 질문을 교육적 차원에서 효과적으로 수행하기 위해 예술학교의 다양한 장르 전공 학생들과 '창의성' 관련 수업을 할 때, 늘 비슷한 예시를 하나 주면서 학기를 시작합니다. 가령, 첫날 수업에 들어오자마자 학생들에게 노트에 별을 하나 그려보라고 합니다. 실행에 긴 시간이 소요되지 않는 그 주문을 받고 학생들은 각자 재빨리 별을 그립니다. 과연 학생들은 어떤 모양의 별을 그릴까요? 여러분의 예상대로(독자 여러분도 그러하겠지만) 대부분 이런 별☆ 모양을 그리지요. 열 명 중에 아홉 이상은 그렇게 그립니다. 그럼 저는 이제 두 가지를 학생들에게 반문합니다.

첫째, 여기 교실에 앉아 있는 사람들은 다른 얼굴을 하고 다른 옷을 입고, 다른 취향을 갖고, 다른 교육을 받고, 다른 경험을 해왔는데 왜 모두 똑같은 모양의 별을 그리는가? 둘째, 더 중요한 것은 이 질문인데, 여러분이 그린 별은 실제 별과 같은가 다른가? 그러면 학생들은 겸연쩍게 서로의 별을 쳐다보며 웃습니다. 밤하늘의 별은 달을 보면 알 수 있듯이 실제로는 둥글기 때문이지요. 이 간단한 실습과 질문은 우리가 지금까지 생략해왔던 예술교육의 실책이 무엇인지, 아주 중요한 문제를 쉽고 분명하게 깨닫게 합니다. 그것은 우선 우리가 다른 사람임에도 불구하고 똑같은 생각을 하고 있다는 사실을 적나라하게 보여주며, 둘째로는 우리 대부분이 가진 '보편적' 생각이 실재와 어긋난다는 점을 보여줌으로써 이른바 '상식'을 의심하게 하는 효과를 발생시킵니다. 우리가 얼마나 획일성에 갇혀 있는지를 드러내는 동시에, '상식'이라고 알려진 것의 오류를 드러내는 이 방법은 실은 데카르트가 모든 것을 의심함으로써 더 이상 의심할 수 없는 것들을 골라내고 더는 물어볼 수 없는 확실성을 근거로 '진리'를 정초했던 철학적 방법론과 본질적으로 다르지 않습니다.

그러나 이러한 질문의 방법은 손으로 그려보는 방법, 즉 예술적 행위의 외형을 띠고 있습니다. 실제 거기에 그려진 것은 그림, 즉 이미지(image)에 대한 것이며 제가 문제 삼은 것은 사물의 실재와 이미지 사이에 난 간극이었으므로 '미술비평'의 외관을 띠고 있는 것이기도 합니다. 그런데 이것은 제가 최근에 한 양자물리학자와 나눈 대화에서 얻은 앎과도 통하는 면이 있습니다. 그 물리학자의 말에 따르면, 과학사가 보여주는 가장 중요한 깨달음 중 하나는 '모든 과학적 발견이 우리가 직접 경험으로 얻은 지식을 배반한다'는 사실이랍니다. 위대한 과학적 발견은 거의 예외 없이 이를 알려주고 있다는 겁니다. 즉 우리 몸의 직접적인 지각을 통해 얻은 감각적 지식을 통해 인간은 사물에 대한 어떤 표상, 즉 이미지-지식을 얻게 되는데, 실제로 보면 우주를 이루는 어떤 수리적 섭리와는 괴리가 있다는 것입니다. 직접 경험과 보이지 않는 사물의 실재 사이에 난 간극을 따져 묻고, 사물의 실재를 일종의 추상적인 그림을 통해 간명하게 나타낸 것이 바로 수학적 공리나 과학의 수식이라고 할 수 있겠습니다.

그런데 이러한 데카르트의 철학적 의심이나 과학자의 탐구는 좋은 예술가가 작업을 통해 드러내는 '크리에이티브'와 다르지 않습니다. 흔히 예술가의 창의성이 무엇을 뜻하는지 학생들에게 물어보면, 예술학교 학생들조차 '새로운 것을 만드는 능력'이라고 동어 반복적 대답을 합니다. 그 대답을 듣고 나서 제가 그럼 '오래된 것은 나쁜 것인가' '왜 오래된 걸 파괴하는 능력이 창조적인 것인가' 하고 되물으면 꿀 먹은 벙어리가 됩니다. 사실 그런 것은 아닐 것입니다. 거기에 대한 제 대답은 창조성의 핵심은 사실 새로운 것을 만드는 능력이 아니라, '현존하는 사물세계의 오류를 바로잡고, 보다 정확히 보는 능력'에 있다고 말합니다. 별을 모두 똑같이 그렸다는 것보다 더 문제인 것은 그 별이 실재의 별과 다르다는 '사실의 오류'에 있습니다. 사람들은 대체로 '상식'을 찬양하지만, 우리가 공유하는 그 공통의 앎(common sense)에는 마음먹고 따져보기 시작하면 충분히 믿을 만한 근거를 가지고 있는 것이 생각보다 많지 않음을 알게 됩니다. 그럼에도 불구하고 '상식적 인간'들은 철저히 따져보지 않기 때문에 실재와 괴리된 사물세계의 인식을 갖고 살게 되며, 심지어는 특별한 인식론적 투쟁을 하지 않으면 평생 동안 갇혀 있는 인식론적 오류들이 비일비재합니다. 예술가의 창조성은 이 실재와 머릿속에 그려진 이미지-인식의 간극을 문제 삼고, 그 틈을 비집고 들어가서 더 정확하게 보려는 인식론적 노력 속에서 발생합니다. 후기인상파의 그림들이나 피카소의 그림들이 그렇게 출현했고, 르네 마그리트의 괴상해 보이는 독창성도 모두 이런 노력의 산물입니다.

이러한 사례는 또한 시인들에게서도 얼마든지 찾아볼 수 있습니다. 이창

창조성의 핵심은
새로운 것을 만드는 능력이 아니라
'현존하는 사물세계의 오류를 바로잡고,
보다 정확히 보는 능력'에 있습니다.
예술가의 창조성은
이 실재와 머릿속에 그려진
이미지-인식의 간극을 문제 삼고,
그 틈을 비집고 들어가서 더 정확하게 보려는
인식론적 노력 속에서 발생합니다.

동의 영화 〈시〉에는 사람들이 시인을 바라보는 전형적인 표상을 "예쁜 꽃 좋아하고, 이상한 소리 잘 하는" 사람으로 묘사하고 있지만, 사실 좋은 시인들은 정확한 관찰을 즐겨 하는 사람이며 그 방법을 자기 나름대로 찾는 사람들입니다. 한국문학사에서 가장 이상하고 난해한 시인으로 받아들여지는 이상(李箱)을 사람들은 '이상한 소리 잘 하는' 인간의 전형으로 얘기하지만, 이상의 시는 '상식'이라고 얘기되는 세계의 인식론의 허점을 파고들어 사물세계를 더 정확히 관찰한 인식론적 투쟁의 산물입니다.

가령 그는 거울을 보면서 "거울속의나는왼손잡이오/내악수를받을줄모르는-악수를모르는왼손잡이오"(《거울》)라고 말했습니다. 그것은 화가 르네 마그리트가 파이프를 그려놓고 "이것은 파이프가 아니다(Ceci n'est pas une pipe)"라고 한 인식과 다르지 않습니다. 우리는 거울을 보면서 반영된 내 모습을 보면서 그것이 내 얼굴이라고 생각하지만, 시인에게 거울은 왼편과 오른편이 뒤집힌 반대 이미지이며, 화가에게 그림 속 파이프는 파이프가 아니라 '파이프에 대한 이미지'일 뿐이기 때문입니다. 데카르트라면 그것은 내 머릿속에 담긴 사물에 대한 '표상(表象)'일 뿐이라고 얘기하며, 표상과 실재 사이의 일치에 대해 더 따져 물어야 한다고 했을 테지요. 현대언어학을 창시한 소쉬르라면 기호의 표현, 즉 기표와 기호가 담고 있는 의미는 일치하지 않는다거나 '자의적'이라고 했을 것입니다.

그런 점에서 시인 이상의 독창성은 '관찰'의 산물이지 '이상한' 생각의 산물이 아닙니다. 이 독창성을 우리는 예술가의 '크리에이티브'라고 말할 수 있지 않을까요. 그런 점에서 이런 창조적 예술가들은 데카르트만큼이나 인문적이며 갈릴레이만큼이나 '사실'에 철저합니다.

이렇게 보면 인문예술융합교육이란 '인문-예술'의 공통점을 인식하고 그 공통점을 적극적으로 상호 이용하는 장르 대화형 배움의 과정이라고 할 수 있습니다. 이러한 방법론의 기본 취지를 이해한다면, 인문예술융합교육은 반드시 유명한 작가의 작품을 통하지 않더라도 학생들 스스로 행하는 창작실습을 통해 얼마든지 구현이 가능하며, 모든 것이 조형적 요소로 이루어진 일상적 사물세계에 대한 관찰과 그 관찰에 대한 비평·해석을 통해서도 가능합니다. 또 언어를 통해 이루어지는 세계 속에서 언어(문장)가 담고 있는 의미-이미지와 세계의 실재 사이의 차이나 간극 등을 물을 수도 있으며, 언어를 통한 창작행위를 통해 생활세계를 유쾌하게 변형하고 개입하는 시도도 가능할 것입니다.

무엇보다도 이러한 인문예술융합교육은 언어와 조형적 요소와 수리적 사고와 논리적 요소와 감각적 경험들이 분리되지 않는 현실세계를 자연스럽게 인식하고 그에 대해 문제를 도출하고 제기하는 현대의 '실사구시'형 교육이 될 수 있습니다. 그리고 우리 시대의 시대정신이 평등·자유·공존·다양성에 기반한 시민주체의 형성과 평화롭고 민주적인 삶, 지구적 차원의 생태적 삶에 대한 인식과 밀접한 관련이 있다고 할 때, 이 시대의 '인간다움'에 대한 질문을 다양한 형식으로 포함하며 감각적으로 구체화할 수 있는 인문예술융합교육은, 미래시민교육의 참신한 대안이자 방법론으로 모색해볼 충분한 의의가 있다고 생각합니다.

Q & A
미니 인터뷰

Q 인문예술융합교육의 개념과 필요성에 대한 명쾌한 설명 감사합니다. 선생님께서는 인문예술융합교육에 대해 '인문-예술'의 공통점을 인식하고 그 공통점을 적극적으로 상호 이용하는 장르 대화형 배움의 과정이라고 말씀하시면서 이러한 방법론의 기본 취지를 이해한다면 인문예술융합교육은 학생들 스스로 행하는 창작 실습에서도 얼마든지 구현이 가능하며, 일상에서도 관찰과 관찰에 대한 비평·해석을 통해 충분히 가능하다고 하셨는데, 구체적인 사례를 들어 더 설명해주시면 좋겠습니다.

A 한국 제도교육의 가장 큰 문제점 중 하나는 삶과 지식이 유리되어 있다는 것입니다. 이 말은 크게 보면 두 가지를 뜻하는데, 우선은 배움을 통해 얻은 지식이 어떻게 현실에 적용될까를 생각해볼 때 지식의 현실 적용 가능성, 현실에 부합하는 지식 내용의 부적절성과 같은 것을 지적할 수 있겠습니다.

그러나 이것은 직접적인 차원의 '실용성'을 뜻한다기보다는 어떤 '실천성'과의 유리를 지적하는 것이라 하겠습니다. 강의에서 말씀드린 대로 인문이 '인간다움'에 대한 폭넓은 이해와 연관되고, 그것은 또 '시대정신'과 밀접한 연관이 있다고 얘기했을 때, 인문지식의 '실천성'은 결국 우리 시대의 삶 속에서 이해되고 지향되어야 하며 따져보아야 할 어떤 생각들에 관한 것이라고 할 수 있습니다.

이것은 작게 말해서 이 실천성이 자신을 둘러싼 시민의 평범한 일상생활 속에서 이해되어야 하는 문제라는 뜻이기도 합니다. 그러나 더불어 중요한 것은 '인문'이 '인문학'이라는 제도학문에 관한 고형화된 '지식'이라기보다는 '인간다움'에 대해 생각해볼 만한 어떤 것, 가치, 이념, 생각 전체라고 할 때, 이것은 단지 교실 안에서, 또는 문자화된 책을 통해서만 획득될 수 있는 것은 아닐 것입니다. 이 말은 우리가 '학교'나 '교사'나 '교과서'를 어떤 규범적 사회제도 속에 가둘 것이 아니라 일상의 구체적 삶 속에서 '발명'해야 한다는 뜻이며, 도처에서 이런 '발명으로서의 배움' 행위는 가능합니다.

예컨대 저는 『사물의 철학』이라는 책을 쓰면서, 어린이와 대학교수가 한 자리에서 특별한 지식이나 도구 없이도 함께 인문적 대화를 나눌 수 있는 방법을 글쓰기 또는 새로운 교육방식을 통해 구현해보려고 노력했습니다. 이를테면 누구나 사용하는 일상도구를 가지고 그것을 바라보는 여러 질문의 방식을 발명하고 대화하는 것입니다.

예를 들어 '양산'을 가지고 저는 '왜 아빠(남자)는 더위도 양산을 쓰지 않나?'라는 질문을 해보았습니다. 이것은 우리가 살아가는 일상 속에서 공고화된 남녀구분 같은 단단한 이분법이나 상식이 근거 없음을 질문하는 한 예였습니다. 또 '의자'라는 사물을 통해 모든 인간은 동일한 척추를 가졌음(호모 에렉투스)에도 불구하고, 같은 공간에서 직위에 따라 의자를 구분하는 사용법을 통해 '평등'의 의미를 질문하기도 했습니다.

'생수'를 통해서는 내 눈앞의 물통에 들어 있는 물이 몇억 년 전의 것이라는 사실을 환기시키면서, 한 시간대에 놓여 있는 불가능한 것의 동시성을 질문하기도 했지요. '레고' 놀이를 하면서 세상의 다양성이 실은 기본적 공통요소를 통해 이루어졌다는 물리적 팩트를 환기하고 차이에 내재한 동일성이나 동일성에 내재한 차이를 균형 있게 인식하는 것이 필요하다는 화두를 던지기도 했습니다.

이러한 예들은 삶의 실재를 이루는 것들에 대한 관찰을 통해 공통된 대화 창구를 발명하고, 생활 속의 간단한 것들을 통해서도 보편적이고 추상적이며 심도 있는 생각의 개진이 가능하다는 것을 보여주는 제 방식의 인문교육의 새로운 실례라고 할 수 있습니다. 이런 이야기들을 하면서 저는 이것을 시나 그림, 음악, 영화, 테크놀로지의 현실을 예로 들어가면서 함께 이야기하며, 때로는 간단히 '창작'해보라는 과제와 병행함으로써 인문과 예술과의 자연스러운 '융합' 내지는 '장르 대화'를 시도합니다.

Part. 4

문학은 어떻게 아이들의 공감 능력을 키우는가?

김 / 홍 / 규

문학의 효용 중 하나는 '서로 경쟁하는 해석과 평가의 공존을 세상의 불가피한 현실로 받아들이게 하는 것'입니다. 달리 말하면 타자의 경험과 기대 지평을 '또 다른 자아'의 모습으로 인정하고, 나와 너의 해석이 관점과 맥락에 따라 상대적일 수 있음을 알면서 대화에 임하도록 하는 것입니다.

나 아닌 다른 존재를
만나는 일

지금부터 저는 '타자와의 만남으로서의 문학 행위 그리고 문학 교육'이라는 주제로 이야기를 나누려 합니다. 간단히 설명하자면 문학 행위란 '나 아닌 다른 존재를 만나는 일'이라는 것입니다. 그리고 문학 교육이란 그러한 문학 행위를 어떻게 하면 잘할 수 있는가, 성장하는 청소년기 학생들에게 어떻게 문학 행위를 연습시키고 가닥을 잡아줄 것인가, 하는 문제로 보는 것입니다.

우리는 학생으로서 교사로서 성인으로서 문학작품을 많이 읽습니다. 읽는다는 것은 구체적으로 어떤 종류의 일인가요? 그것은 텍스트를 통해 누군가를 상상 속에 떠올리고, 그의 삶과 그가 처한 상황, 그가 가지고 있는 생각을 인지하고 우리 나름대로 맥락을 파악하여 이해하는 일입니다. 이때

문학작품은 소설, 시, 수필일 수도 있고 역사책이나 다큐멘터리일 수도 있습니다.

고전문학의 경우 작품 속 등장인물이나 그 뒤에 있다고 생각되는 작자는 독자와 시간적으로 격리된 타자입니다. 그런가 하면 외국 문학은 공간적으로나 문화적으로 격리된 타자가 됩니다. 시대를 상당히 거슬러 올라가는 시기의 작품이라면 시간적으로도 격리된 타자가 되겠지요.

그렇다면 오늘날의 우리 문학, 즉 한국문학을 읽을 때는 이렇게 타자와 만나는 것인지 아닌지 질문을 던져볼 필요가 있습니다. 다시 말해, 오늘날의 한국문학은 한국인인 우리에게 타자가 아닌 우리 자신의 모습을 보여주고 있는 걸까요? 이 문제를 철학적으로 따지기 시작하면 아무도 '그렇다'라고 쉽게 답할 수 없습니다. 왜냐하면 '오늘날'이라든가 '우리'라는 말 자체가 사실은 문제적일 수 있기 때문입니다.

먼저 오늘날의 우리 모습을 만난다고 생각할 때, 도대체 언제부터가 오늘날인가라는 의문이 제기될 것입니다. 작가 염상섭, 이태준은 오늘날의 사람이라고 볼 수 있을까요? 김승옥의 소설 『서울, 1964년 겨울』에 등장하는 대학원생과 월부 책장수는 오늘날의 '우리'라고 할 수 있을까요?

이렇게 따지다 보면 독자마다 연령이 다 다를 텐데 '우리'라는 범주로 묶을 수 있는지에 대해서도 의문을 품게 됩니다. 대명사적 용법의 '우리'가 아니라 어떤 종류의 공통된 시대 인식과 경험과 사고를 가진 동질 집단으로서의 '우리'를 생각한다면, 과연 그런 우리는 어떻게 확인될 수 있을까요. 이렇게 따져 가다 보면 '우리'라는 것은 연령, 성별, 정파, 계층 등과 무관하게 통용될 수 있는 사실적 범주가 아니라, 상황에 따라 달라지는 범주라고 볼 수 있습니다.

바꿔 말하면 김승옥의 『서울, 1964년 겨울』도 어떤 독자에게는 대단히 낯선 타자의 삶을 들여다볼 수 있는 텍스트가 될 수 있습니다. 그러므로 문학 행위는 고전문학과 현대문학, 한국문학과 외국 문학을 나눌 것 없이 자신의 삶과는 뭐가 달라도 다른 타자를 만나는 행위라는 것을 알게 됩니다. 이것이 제가 제시하는 논의의 출발점입니다.

이처럼 문학은 타자와의 만남인데, 우리는 텍스트 속에서 어떻게 타자와 만날 수 있는지, 그 만남에서 어려운 점은 무엇인지, 어떻게 해서 어긋남이 발생하는지, 그 어긋남을 어떻게 좁히거나 넘어설 수 있는지, 그리고 이러한 문제들이 문학 교육과 어떤 상관관계가 있는지를 살펴보고자 합니다.

'공통된 인간 경험'이란 존재하는가

이 이야기를 이끌어가기 위해 먼저 '개연성'이라는 것을 살펴보고자 합니다. 개연성은 아리스토텔레스의 『시학』에서부터 비평사의 매우 중요한 개념으로 등장했고, 오늘날의 문학예술론에서도 중요한 용어로 통용되고 있습니다. 한 연구자에 따르면, 현존하는 아리스토텔레스의 불완전한 원고 속에서 '개연성'이란 말이 18번이나 쓰였나고 합니다. 그중에서 자주 거론되는 중요 대목은 다음과 같습니다.

> 이제까지 말한 여러 사실에서 알 수 있는 것은, 시인의 임무는 실제 일어난 일을 이야기하는 것이 아니라 … 일어날 법한 일, 즉 개연성 또는 필연성의 법칙에 따라 가능한 일을 이야기하는 데 있다는 사실이다. … 역사가와 시인의 차이점은, 역사가는 실제로 일어난 일을 이야기하고, 시인은 일어날 법한 일을 이야기한다는 점에 있다. 따라서 시는 역사보다 더 철학적이고 중요하다. 왜냐하면 시는 보편적인 것을 말하는 경향이 많고, 역사는 개별적인 것을 말하기 때문이다. '보편적인 것을 말한다'는 것은, 어떤 성격의 인간은 개연적 또는 필연적으로 이러저러하게 말하거나 행하게 될 것이다, 라는 식으로 말하는 것을 의미한다.
> - 아리스토텔레스, 『니코마코스 윤리학/정치학/시학』, 손명현 역 (동서문화사, 2007), 557-58쪽.

여기서 아리스토텔레스는 역사가와 시인의 차이에 대해서도 중요한 말을 남겼습니다. 역사가는 일어난 일을 이야기하는 데 반해 시인은 일어날 법한 일을 이야기하므로, 시가 역사보다 더 철학적이라는 것이지요. 여기서 '철학적'이라는 것은 특정 사례만이 아니라 그와 유사한 여러 사태에 두루 적용되는 타당한 통찰을 가리킵니다. 희랍어로 철학적이라는 말의 어원은 지혜를 사랑한다는 뜻의 '애지(愛知)'입니다. 애지는 객관적 지식을 아는 것을 넘어서는 것으로, 삶에 대한 타당성 있는 통찰을 말합니다. 그 타당성 있는 통찰의 범위는 상당히 널리 적용될 수 있습니다.

이러한 논의 과정에서 아리스토텔레스는 바람직하고 훌륭한 시는 인간 행위를 그리되 개연성 있는 통찰과 재현을 담고 있어야 한다고 했습니다. 그런데 여기서 개연성을 어떻게 확보할 것이냐 하는 것이 문제가 됩니다. 아리스토텔레스는 『시학』에서 '플롯'을 강조합니다. 긴밀한 구성에 의해 독자가 충분히 있을 법한 일, 즉 개연성이 있는 일로 받아들이는 작품이 좋은 작품이라고 했습니다. 따라서 개연성의 조건을 작품 내부에서 본다면 '긴밀한 구성'과 밀접한 관련이 있다 해야겠지요.

어떤 비평가들은 이를 근거로 개연성이란, 긴밀한 구성의 효과라고 이야기합니다. 그리고 이것을 작품 내적인 사실이라고 이해합니다. 형식주의적 비평에서는 긴밀한 구성을 통해 그 일이 그렇게 될 수밖에 없다, 라고 독자에게 수긍과 확신을 불러일으킬 때 개연성이 확보된다고 봅니다. 구성의 효과로 개연성이 발생한다는 것이지요.

그러나 『시학』의 전문가인 험프리 하우스라는 학자는 이런 논법을 수긍하지 않습니다. 그는 작품 줄거리의 개연성은 긴밀한 구성으로 만들어낼 수 있지만, 사람들이 '그럴 수도 있지' '맞아, 그럴 거야' 하고 받아들이게 하는 것은 작품 속이 아니라 작품 밖에 있다고 합니다. 예를 들어 인물 A가 X라는 상황에서 인물 B를 만나 분노하여 B를 찔러 죽였다고 했을 때, '맞아, 그런 상황이라면 분노를 참지 못하고 그런 일을 벌일 수도 있지'라고 이해하게 되는 배경에는 우리가 아는 인간 세계에서도 가능성이 있는 일이라고 생각하기 때문이라는 것입니다. 다시 말해서 아리스토텔레스가 말한 개연성은 작품 내적으로 구성되지만, 그 개연성을 성립시키는 근거는 작품 외부의 현실 경험에 있다고 보는 것입니다. 그런 시가에서 하우스는 『시학』

의 개연성론이 지닌 철학적 전제를 다음과 같이 집약했습니다.

> 아리스토텔레스의 원리들에 의하면, 우리는 경험 논리에 입각해서 작품 내적 사건의 발전 논리를 판단한다. 아리스토텔레스는 이런 이해가 성공적으로 이루어질 수 있을 만큼 작중 인물들이 우리와 비슷하다고 가정한다. 우리는 공통된 인간 경험에 근거한 인간적 척도로써 작중인물들에 대해 생각하는 것이다.
>
> - Humphrey House, Aristotle's Poetics(London: Rupert Hart-Davis, 1956), 61쪽.

이처럼 험프리 하우스는 아리스토텔레스가 개연성의 성립 근거를 당시 그리스의 극작가들이나 관람객들, 다시 말해 교양 있는 그리스 시민들이 가지고 있는 공통의 인간 경험에 두었다고 생각했어요. 당시 그리스인들이 가진 공통의 경험으로부터 인간 존재에 관한 어떤 척도 내지 기대치가 암암리에 전제되어 있고, 그 공통의 척도를 바탕으로 봤을 때 『오이디푸스 왕』 같은 작품을 그럴 법하다고 받아들일 수 있었다는 것입니다. 이것을 달리 말하자면, 어떤 특정한 개연성을 인정할 수 있기 위해서는 그런 이해와 판단을 가능하게 하는 문화적 배경이 필요하다는 것입니다.

아리스토텔레스는 『시학』을 쓰면서 그리스 바깥 세계의 사람은 생각하지 않았습니다. 아득하게 먼 과거나, 앞으로 다가올 먼 미래의 사람도 생각하지 않았습니다. 오직 자기 자신과, 자기 시대의 지적·문화적 토양을 같이하는 그리스 사람들만 생각했습니다. 그는 그리스인들의 경험적인 유대라는 제한된 범위를 판단의 준거로 삼아 개연성이라는 문제를 논했습니다.

하지만 그 후로 너무나도 많은 문명이 나타났다 사라졌으며, 지금까지 남아 있는 문명도 대단히 복잡한 변화를 거쳤습니다. 따라서 아리스토텔레스가 가정했던 공통된 인간 경험이 아직까지 단일한 실체로서 존재하는지 생각해볼 필요가 있습니다.

가령 12세기 프랑스 사람들과 오늘날의 우리가 공통된 인간 경험을 얼마나 가지고 있겠습니까? 설사 있다 하더라도 상이한 부분 또한 많을 것입니다. 또한 16세기의 퇴계 이황이나 허균이 살았던 시대는 지금 우리가 살아가는 시대와는 많이 다릅니다. 앞서 예로 들었던 김승옥의 소설 『서울, 1964년 겨울』도 마찬가지여서, 2010년대를 살아가는 사람들은 이 작품 속의 상황과는 너무나 다른 현실을 살고 있습니다. 어떤 '어긋남'이 있는 것이지요. 결론적으로 말해 '공통된 인간 경험'이라는 개념 자체는 중요하지만 이것이 반드시 존재하는 실체라고 보기는 어렵습니다. 고전문학과 현대문학, 한국문학과 외국 문학 사이에서는 더욱이 공통된 인간 경험이라는 것을 손쉽게 가정할 일이 아닙니다.

서로 경쟁하는 해석과 평가의
공존을 받아들이다

그렇다면 오늘날의 독자들이 오늘날의 문학작품을 읽을 때는 공통의 이해와 감상이 나올까요? 그렇지 않습니다. 문학작품을 감상하는 것은 보물

찾기 놀이가 아닙니다. 누구든 노력하면 똑같은 답이 나오는 정답 찾기 놀이도 아닙니다.

문학작품을 읽는 능력이 뛰어난 독자들이나 꽤 높은 수준의 훈련을 받은 비평가들 사이에서도 문학작품의 이해와 감상에는 큰 차이가 날 수 있습니다. 그것은 그들의 경험 기반과 사고방식, 인간 이해의 차이에서 생겨납니다. 그리고 이런 차이는 제3자가 개입해서 판정하거나 조정해주기도 어렵습니다. 제3자도 또 하나의 타인이기 때문입니다.

제 전공인 비평사의 측면에서 보면 다음과 같은 의문이 제기됩니다. '왜 똑같은 텍스트를 읽으면서 사람마다 다른 해석과 평가를 내놓는가?' '그러한 해석과 평가들은 어떻게 정당화되고 어떻게 차별화될 수 있는가?' '이러한 일들이 되풀이되는 비평적 논의를 우리는 어떻게 봐야 하는가' 등입니다. 이런 질문들은 비평사를 연구하는 사람들에게 영원히 피할 수 없는 숙제입니다.

지금부터는 이러한 어긋남을 불가피한 것으로 인정한 상태에서 문학과 문학 교육을 어떻게 대하는 게 좋을지 생각해보겠습니다.

어쩌면 역설적으로 들릴 수도 있겠습니다만, 문학의 효용 중 하나는 이렇게 '서로 경쟁하는 해석과 평가의 공존을 세상의 불가피한 현실로 받아들이게 하는 것'입니다. 달리 말하면 타자의 경험과 기대 지평을 '또 다른 자아'의 모습으로 인정하고, 나와 너의 해석이 관점과 맥락에 따라 상대적일 수 있음을 알면서 대화에 임하도록 하는 것입니다. 수학의 경우에는 특정한 답을 정답이라고 말하지만 문학에서는 각기 다른 답이 나오는 것이

상대주의적 관점에 따라
텍스트에 대한 견해가 다를 수 있다는 것을
인정하고 나면 대화가 가능해집니다.
그렇게 대화를 통해 생각을 수정함으로써
서로의 견해 차이를 좁히거나
공통의 이해를 넓혀 나갈 수 있습니다.
이러한 훈련을 거치다 보면
자신과 의견이 다른 사람에 대해서도
덜 적대적이 됩니다.
이것은 민주 시민을 기르는 데
필요한 중요한 훈련입니다.

당연합니다. 문학만 그런 게 아니라 인간 세상의 삶이 그렇습니다. 절대적인 판단자가 없는 세계에서 사람마다 다른 주장을 펼치는 것이 우리가 사는 지상의 삶의 모습입니다. 어찌 보면 문학은 우리가 살아가는 세상의 축소판이라고 볼 수 있습니다. 그렇기에 문학은 타자의 경험과 생각을 인정하고 나의 해석과 너의 해석이 다른 것을 받아들여, 서로를 죽이거나 부정하지 않고 대화의 장으로 나오게 하는 삶의 방식 또는 삶의 지혜에 대한 일종의 도상연습을 제공합니다.

이처럼 '서로 경쟁하는 해석과 평가의 공존을 세상의 불가피한 현실로 받아들이게 하는 것'은 문학의 중요한 효용이지만, 이는 불가피하게 상대주의적일 수밖에 없습니다. 어떤 것이 옳은지 알 수 없고, 그것만으로 완결되지 않습니다. 그러나 상대주의적 관점에 따라 서로 텍스트에 접근하는 견해가 다를 수 있다는 것을 인정하고 나면 대화가 가능해집니다. 동일한 텍스트를 놓고 서로 다른 견해를 가진 사람들이 모여 이야기를 하다 보면 '작품을 이해하기 위해 적용한 자신의 경험·사고·가치를 반성적으로 검토하고 수정'할 수 있습니다. 또 그렇게 함으로써 서로의 견해 차이를 좁히거나 공통의 이해를 넓혀 나갈 수 있습니다.

다시 말해 서로 다른 입장과 경험, 가치 척도를 가진 사람들이 자신의 주장만 내세우는 게 아니라 상대의 주장을 검토하여 그 주장에 근거해 있는 논리를 파악합니다. 그러면 최소한 '아, 저 사람은 저래서 저렇게 보고, 나는 이래서 이렇게 보는구나' 하며 각기 다른 주장의 차이를 있는 그대로 받아들이고 이해하게 됩니다. 이런 훈련을 거치다 보면 자신과 의견이 다른 사람에 대해서도 덜 적대적이 됩니다. 이것은 민주 시민을 기르는 데 필요한 중요한 훈련입니다. 이러한 교육이 제대로 이루어진다면 훌륭한 정치가와 공직자들을 키워낼 수 있을 것입니다.

조금 특별한 경우를 살펴봅시다. 모든 문학에 두루 해당된다기보다는 심오하거나 도전적인 주제를 가지고 있는 문제작에 대한 이야기입니다. 어떤 작품들은 당시의 시대 상황이나 사회 집단들에게 통하는 어떤 가치나 이슈에 대해 문제를 제기하고 도전합니다. 한 예로『채털리 부인의 사랑』을 들 수 있겠지요. 이 작품은 당시에 허용되던 성의 규범과 관습에 도전하는 내용으로 사회에 큰 파장을 일으켰습니다. 한국문학에서도 그러한 예를 흔히 찾아볼 수 있습니다. 이처럼 문학작품은 시대의 지배적인 가치관에 문제를 제기거나 저항하는 경우가 종종 있습니다.

또 어떤 문학작품은 개연성의 승인이 불확실한 경계선에서 인간을 관찰합니다. 아리스토텔레스 방식으로 이야기하면 그 시대 사람들이 가진 공통의 경험, 그리고 거기에서 나오는 인간적 척도가 개연성의 판단 기반입니다. 그런데 어떤 작가들은 여기에 정면으로 배치되는 도발적인 이야기를 작품으로 씁니다. 이를테면 사회에서 용인될지 안 될지 불확실한 경계 지점, 또는 그 경계를 넘어간 지점에서 작품을 쓰기도 합니다. 그런 작품은 대부분 실패작으로 낙인찍힙니다. 완성도와 작품성 면에서 부족한 경우도 있지만 그 시대의 승인을 받기에는 너무나 도발적이고 무모해서 그럴 수도 있겠지요. 그러나 어떤 작품들은 당시의 비난과 시련을 견디고 살아남아 작품이 포착한 욕망의 개연성에 대해 사회적 논의를 불러일으킵니다. 그래서 동시대 사람들의 사고와 감성을 확장시키고 인간 존재와 사회적 가치에 대한 인식을 뒤흔들고 더 나아가서는 그것을 수정하기도 합니다.

문학 교육을 위해 필요한 네 가지 명제

이제 문학 교육에 대해 이야기하겠습니다. 먼저 진정한 문학 교육을 위해서 어떤 것들이 필요한지, 제가 중요하게 생각해온 것들을 네 가지 명제로 간추려보겠습니다

> 1. 문학 텍스트를 읽는 일의 4분의 3은 말을 정밀하게 독해·음미하는 작업이며, 4분의 3은 인간 경험을 이해하는 활동이다.

첫 번째는 대단히 포괄적인 이야기입니다. 문학 텍스트를 읽는 일의 4분 3은 말을 정밀하게 독해하고 음미하는 작업이라는 것에 대해서는 쉽게 이해가 가리라 생각됩니다. 그런데 바로 뒤에 왜 4분의 3이 또 나올까요? 하나가 4분의 3이면 나머지는 4분의 1이어야 합이 맞지 않을까요? 왜 그런지 이유를 한번 살펴봅시다.

문학작품을 읽고 이해하는 행위는 '언어 이해'와 '인간 이해'라는 두 개의 원이 겹쳐 있는 합집합으로 표현할 수 있습니다. 그 합집합에서 4분의 3은

언어를 이해하는 것이고, 인간 행위를 이해하는 것을 또 다른 4분의 3으로 보는 거예요. 비유적으로 말하면 두 원이 겹치는 부분이 반쯤 되고, 언어를 이해하는 것에만 해당되는 것이 4분의 1쯤 되고, 언어와는 무관하게 인간 행위에 대한 이해와 통찰이라고 말할 수 있는 게 또 얼마만큼 있다는 거예요. 그러므로 문학 교육, 즉 문학을 이해하는 일은 단순히 언어만 이해하는 일만도 아니고 거기에 담겨 있다고 하는 인간에 대한 철학적·심리학적 통찰만을 가리키는 것도 아닙니다. 문학 교육은 이 두 가지가 맞물려 있어야 합니다.

학교 현장에서 문학은 국어 교과목 중 한 영역에 속해 있을 뿐이지만, 사실은 문학이 국어보다 더 큰 영역입니다. 문학은 텍스트를 읽는 훈련이면서 동시에 텍스트 너머에 있는 인간을 읽는 훈련이기 때문이에요. 그런 점에서 '문학'은 '국어' 교과의 일부분이라기보다, '국어'라는 언어 교과를 포함하면서 그것을 넘어서는 통합 교과로 보는 것이 옳다고 생각합니다.

이렇게 통합 교과로서의 속성을 전제하지 않고 문학을 가르친다면, 그것은 일상 언어와는 다른 특수 언어를 가르치는 게임과 같은 것이 되거나 특수한 지식을 습득하는 것에 불과합니다. 그렇게 되면 문학도 제대로 가르치지 못하게 되고, 문학 교육이 가져왔던 전통적인 인문교육에서의 공헌과 역할도 포기하게 됩니다.

2. 우리가 문학작품을 읽을 때, 작품 또한 우리를 읽는다. 다시 말해, 독자는 문학 텍스트를 이해하기 위해 이떤 경험 자산과 가치척도를 불러오는 바, 이렇게 동원하는

경험·사고의 양상들이 그의 내면세계를 드러내는 것이다.

우리가 문학작품을 읽을 때 문학작품도 우리를 읽는다는 것은 어떻게 보면 쉬운 이야기인데 어떻게 보면 아리송할 수도 있어요. 이를테면, 같은 문학작품을 읽어도 스무 살 때 읽으면서 느끼는 것과 예순 살에 읽으면서 느끼는 것이 다릅니다. 인생을 살아가면서 이런저런 경험을 하고 지식을 축적하고 나면 어렸을 때는 보이지 않았던 것이 보이기 때문입니다.

물론, 반대의 경우도 생길 수 있습니다. 나이가 들면서 감성이나 감각이 둔감해져 보이던 것이 안 보일 수도 있어요. 이렇듯 우리는 작품을 읽으면서 모종의 정서적이고 지적인 반응을 거쳐 작품을 이해하게 됩니다. 예를 들어 작품을 X라고 하고, 문학을 읽는 사람의 내면에서 우러나오는 것들의 집합을 Y라고 했을 때, X와 Y가 만나 상승 작용을 해서 a라는 결과를 낸다고 합시다. 이때 우리는 X와 a를 알면 Y를 알 수 있습니다. 결국 문학작품을 읽는 사람의 개인적인 요인을 알 수 있는 것이지요.

물론 수학처럼 명확하게 연산이 되지는 않습니다. 그러나 같은 작품을 놓고 독자들이 다른 해석을 보이는 경우, 그 해석을 통해 작품뿐 아니라 그 독자를 알 수도 있다는 뜻입니다. 결국 작품이 독자를 읽는 것이지요. 가령 A라는 사람이 『젊은 베르테르의 슬픔』을 읽고 어떤 해석을 내렸다고 하면, 『젊은 베르테르의 슬픔』이라는 작품이 A를 읽은 것도 됩니다.

3. 문학작품에 대한 이해의 차이는 무지·착각·불성실에 의한 것이 아니라면, 반드

시 나쁘거나 염려할 일이 아니다. 그것은 수많은 타자들이 어울려 사는 이 세계에서 동일한 텍스트, 사물, 사태가 관찰자에 따라 달리 이해될 수 있다는 현실적 이치를 경험하게 하고, 나 자신의 해석 또한 그러한 상대성 속에 있다는 겸허한 깨달음을 연습하게 해준다.

문학작품은 읽는 사람마다 이해와 감상이 다를 수 있지만, 그러한 차이는 나쁜 일이 아니고 염려할 일도 아닙니다. 물론 무지나 착각, 불성실한 독서로 작품을 오독하고 왜곡하는 것까지 정당화되진 않겠지요. 그러나 주의력과 균형 감각을 가진 독자들이 서로 다른 해석을 하는 경우는 걱정할 일이 아니라 당연한 것입니다. 그런 일은 실제로 우리 삶 속에서 비일비재하게 일어납니다. 그러니 문학 텍스트를 가지고 읽는 사람마다 서로 다른 해석을 내놓는 것은 오히려 우리 삶의 현실을 다시 한 번 깨닫게 해줍니다.

우리는 현실에서 같은 사람에 대해 다른 견해를 가진 사람을 만날 때가 있습니다. 가령, 어떤 사람은 A라는 사람을 성격이 좋다고 하고 또 다른 사람은 A를 나쁜 사람이라고 하는 거예요. 그렇게 의견이 갈리면 상대방의 의견을 수용하기보다는 서로를 비판하는 일이 많습니다. "그 사람 정파가 그쪽이니까" "제 애비가 뭐 하더니 저놈도 그렇다" "저놈 지방색이 그쪽이니까" 하면서 못마땅해 합니다.

그런데 문학 텍스트는 이러한 현실 상황보다는 좀 더 개방적인 가능성을 가지고 있습니다. 예를 들어 김소월의 시 「가는 길」을 놓고 이 사람과 저 사람이 다른 해석을 내놓는다고 해서 그 사람의 종교, 정파, 집안, 지방색

등을 들추며 비난하지는 않습니다. 다시 말해 문학 텍스트는 개방적인 태도로 의견을 교환하고 차이를 견주어볼 수 있는 장을 마련해줍니다. 그리고 서로의 차이를 좁힐 수 있는 가능성을 모색해보고 그것이 안 되더라도 서로 미워하지 않는 담화를 할 수 있게 훈련시켜 줍니다. 이러한 훈련은 특히 학생들에게 대단히 중요합니다.

    4. 어떤 종류의 심오하거나 도전적인 문학작품들은 한 시대 혹은 집단이 굳게 믿는 개연성(혹은 반(反)개연성)이 반드시 자명하거나, 불변하는 것인가를 문제 삼기도 한다. 이런 작품들을 수용하는 복잡한 심리와 모색 과정을 통해 문학 행위는 현존하는 척도를 넘어선 인간적 가능성의 성찰에까지 나아갈 수 있다.

    우리는 문학작품을 통해 우리가 믿는 공통의 경험이나 지배적 가치가 과연 옳은 것인지, 그리고 시간과 공간을 넘어서서 두루 타당한 것인지에 대해 의문을 가질 수 있습니다. 또 문학작품은 그런 의문을 가질 수 있도록 함으로써 공통된 인간 경험에 의해 판단을 받게 됩니다. 그뿐만 아니라 문학작품 자체가 그런 의문에 대해 의미 있는 문제 제기 행위가 될 수 있습니다.

    한마디로 요약하자면 문학은 텍스트 내부의 사실만으로는 의미가 완성되지 않습니다. 물론 텍스트 내부에 대한 주의 깊은 통찰이 필요하지만, 문학작품은 텍스트 밖에 있는 인간 경험과 끊임없이 소통하고 그러한 긴장 속에서 이해되어야 합니다. 그러므로 이러한 소통의 관계를 열어놓고 문학을 가르쳐야 좀 더 생산적인 문학 교육이 될 수 있습니다.

문학작품을 읽고
해석하는 즐거움

지금부터는 구체적인 문학작품들을 예로 들어 설명해보겠습니다. 많은 고등학교에서 이 시를 가르치고 있는 것으로 알고 있는데, 백석의 「여승」을 한번 살펴보겠습니다.

> 여승은 합장하고 절을 했다
> 가지취의 내음새가 났다
> 쓸쓸한 낯이 옛날같이 늙었다
> 나는 불경처럼 서러워졌다
>
> 평안도의 어느 산 깊은 금전판
> 나는 파리한 여인에게서 옥수수를 샀다
> 여인은 나 어린 딸아이를 때리며 가을밤같이 자게 울었나
>
> 섶벌같이 나아간 지아비 기다려 십년이 갔다
> 지아비는 돌아오지 않고

어린 딸은 도라지꽃이 좋아 돌무덤으로 갔다

산꿩도 섧게 울은 슬픈 날이 있었다
산절의 마당귀에 여인의 머리오리가 눈물방울과 같이 떨어진 날이 있었다

　이 작품은 아무 해설 없이 읽으려면 갈피를 잡기 어려운 시입니다. 그러나 차근차근 살펴보면 그렇게 많이 어렵지 않습니다. 4연으로 이루어진 시인데, 1연의 시점은 작품을 쓰고 있는 시간이거나 그 시간으로부터 아주 가까운 과거의 시간입니다. 그리고 이어진 2, 3, 4연의 시점은 그보다 훨씬 먼 과거의 시간입니다. 사건이 진행된 순서는 2, 3, 4연 순인데 2, 3, 4연 사이에도 상당한 시간의 간격이 있습니다. 그래서 그 시간의 간격을 두고 한 여인의 삶을 관찰하게 된 사람이 나중에 그것을 회상하면서 작품을 썼다고 볼 수 있습니다.

　시적 화자는 쓸쓸하고 인생의 비애가 서린 듯이 보이는 여승을 만났습니다. 그리고 과거에 만났던 한 여인을 떠올립니다. "평안도의 어느 산 깊은 금전판/ 나는 파리한 여인에게서 옥수수를 샀다"라는 구절에서 보듯 그 여인과 마주쳤던 일을 회상합니다. 파리하다는 것은 혈색이 희다 못해 창백해 보인다는 뜻입니다. 병약하기 때문일 수도 있고 마음의 고민이 많아 얼굴에 핏기가 없는 것일 수도 있고, 두 경우 모두 해당될 수도 있습니다. 어쨌거나 괴로움이 많아 보이는 여인입니다. 그 여인은 옥수수 파는 행상을

했나 봅니다. 화자는 여인에게서 옥수수를 샀어요.

그런데 화자는 옥수수를 사고 금세 떠난 게 아니라 잠시 그 자리에 머물렀던 모양입니다. "여인은 나 어린 딸아이를 때리며 가을밤같이 차게 울었다"는 구절을 보면 그때 그 여인의 딸아이가 무언가를 졸라댔던 모양이고 여인이 참다못해 아이를 때렸나봅니다. 그러면서 괴로움을 이기지 못해 우는데 "가을밤같이 차게 울었다"는 것입니다.

그리고 이어지는 3연은 그 순간 이후 어느 정도 시간이 흘렀을 때입니다. 앞의 2연은 지아비를 기다리며 살던 10년 동안 여인에게 일어난 삶의 한 장면입니다. 딸아이의 아버지이자 남편인 남자가 섶벌같이 나갔습니다. 이제나저제나 남편을 기다리는 여인은 옥수수를 팔고 아이를 키우며 힘들게 살아갑니다.

"지아비는 돌아오지 않고/ 어린 딸은 도라지꽃이 좋아 돌무덤으로 갔다"라는 구절은 그렇게 힘겨운 삶을 이어가는 동안 딸아이가 죽었음을 알려줍니다. 아이의 죽음을 완곡하게 표현했지요. 돌을 가져다 무덤을 표시해두고, 도라지꽃이 좋아서 떠났다고 씁쓸하게 말합니다. 아이의 장례를 치를 때가 도라지꽃이 필 때쯤이어서 도라지꽃을 꺾어 무덤에 놓아줬을지도 모릅니다. 주변에 도라지꽃이 많이 피어난 걸 보고 누군가 안타까운 마음에 "어린 것이 도라지꽃을 좋아하더니 그리로 갔구나" 하고 말했는지도 모릅니다.

"산 꿩도 섧게 울은 슬픈 날이 있었다/ 산절의 마당귀에 여인의 머리오리가 눈물방울과 함께 떨어진 날이 있었다"라는 구절은 이 여인이 딸아이가 죽고 나서 더 이상 세상에 마음 붙일 이유가 없어 머리를 깎고 여승이 되었음을 보여주고 있습니다. 그리고 그 여인이 수년이 지나서 우연히 화자 앞에 나타난 것입니다.

제가 인터넷으로 이 시에 대한 해석을 한번 찾아봤어요. 그랬더니 이런 글이 있었습니다.

"1930년대를 시대적 배경으로 한 이 시는 한 여승의 비극적 인생 역정을 통해 일제의 식민지 수탈로 인해 삶의 터전을 상실한 채 가족 공동체마저 해체된 모습을 사실적으로 보여줌으로써 일제강점기라는 어두운 현실 속에서 힘겹게 살아가던 민중들의 고달픈 삶을 고발하고 있다."

이 해석이 완전히 틀린 것은 아닙니다. 고달픈 삶을 그린 건 맞아요. 그리고 1930년대가 식민지 시대니까 그 시대의 한 면모를 보여준 것일 수도 있고, 그런 면에서는 식민지시대의 팍팍한 삶의 양상과 아주 무관하지는 않다고 이해할 수도 있습니다. 그러나 이러한 해석은 작품을 엉뚱한 데로 끌고 갑니다.

다음은 인터넷에서 본 또 다른 해석입니다. 문학을 공부한 사람이 썼는지, 좀 더 구체적으로 이야기를 풀어놓았어요.

"이 시는 한 여인의 비극적 삶을 이야기하고 있다. 지아비와 지어미, 딸아이로 구성된 한 가족이 있었다. 그들은 원래 농사를 지었을 것이다. 그러다 농사일로 생계를 꾸릴 수가 없어서 지아비는 집을 나가 광부가 되었고 아내는 10년을 기다리다가 남편을 찾아 집을 떠났다. 금전판 등을 돌며 옥수수 행상을 하며 남편을 찾으려 했던 것이다.

이 해석 역시 텍스트를 잘못 읽었습니다. 먼저 "섶벌같이 나아간 지아비 기다려 십년이 갔다"라는 구절을 봅시다. 섶벌은 울타리께 놓아둔 벌통을 수시로 들락날락하는 벌을 가리킵니다. 그래서 섶벌같이 나간다는 것은 기분 나는 대로 들락날락하는 것을 말합니다. 결국 이 여인의 남편은 무슨 일로 집을 나갔다가 생각한 대로 일이 안 풀리니까 아내에게 연락도 없이 어디론가 가서 돌아오지 않았다고 볼 수 있습니다. 그래서 여인은 이제나저제나 하며 십 년을 기다린 것입니다. 따라서 이 부부가 농사를 짓다가 광산으로 왔다는 것도 틀린 말이고 여인이 광산으로 남편을 찾으러 왔다는 것도 틀린 말입니다.

아마도 이 부부는 광산에서 처음 만났다고 볼 수 있습니다. 만약 농촌에서 남편과 살면서 딸을 낳았고, 그 이후에 남편이 광산으로 갔다면 남편을 찾기 위해 딸을 데리고 광산에 올 수 있지요. 그러나 광산에 남편이 없고 돌아올 기약이 없다면 거기서 왜 십 년을 기다리겠습니까. 남편 간 곳을 수소문해서 찾아가야 하겠지요.

따라서 내용을 정리해보면 이렇습니다. 이 부부는 광산촌이 호황을 누릴 때 그곳으로 들어온 한 젊은 남성과 또 무슨 이유로든 광산촌에 들어온 처녀가 만나 쪽방 한 칸이라도 얻어 살림을 차렸고 딸 하나를 낳았습니다. 그러다 광산 경기가 기울었거나 광산에서 일을 할 수 없는 사정이 생겨 남자는 돈을 벌기 위해 다른 곳으로 떠났어요. 그렇게 아내에게 말도 없이 나간 남편은 죽었는지 살았는지 십 년째 소식이 없습니다. 그러는 사이에 아내는 옥수수 행상 등을 하며 홀로 딸을 키웠는데 딸이 죽자 머리를 깎고 절로 들어갔습니다. 이렇게 볼 때 이 시는 일제강점기며 식민지 수탈과 직접적인 인과관계가 있는 것은 아닙니다.

1920~1930년대에는 우리나라에 광산 열기가 대단했습니다. 사실 이 붐은 조선 후기부터 계속 이어져온 것입니다. 조선 후기에 나온 「우부가」라는 가사를 보면 금광이며 은광 개발에 뛰어들었다가 알거지가 되는 이야기가 나옵니다. 이러한 이야기는 1920~1930년대에 출간된 소설들에도 많이 등장합니다. 그러한 열기 속에 살아간 어떤 젊은 남녀의 삶, 특히 여인의 고통스러운 삶과 여승이 된 사연을 알게 된 시인이 이 작품을 쓴 것입니다. 단순히 1939년에 나온 시니까 1930년대 식민지 수탈을 그린 것이라고 해석하면 작품을 제대로 이해한 게 아니지요.

인간을 볼 줄 알아야
해석이 제대로 나온다

다음으로 해석해볼 작품은 조선 중기의 시인인 이달(李達)의 「예맥요(刈麥謠)」라는 시입니다. 우리말로 옮기면 '보리 베기 노래'라 할 수 있지요.

농가의 젊은 아낙네 저녁거리가 없어서
비 맞으면서 보리 베어 숲에서 돌아오네
생나무 물에 젖어서 연기 일지 않는데

문에 드니 자식들이 울면서 웃을 끄네

이 작품에서 해석하기 가장 어려운 부분은 셋째 줄입니다. 시간 순서로 보면 셋째 줄이 제일 마지막에 와야 하는데, 왜 이렇게 지었나 궁금하기도 하지요. 내용을 살펴보면 아낙네가 저녁거리가 없어서 보리를 베어 왔습니다. 밥을 지어 먹으려면 낟알을 털어내야 하고 맷돌이나 절구를 이용해 껍질을 벗겨내야 합니다. 그다음엔 솥에 넣고 삶아야지요. 그런데 집에는 땔감도 없었나 봅니다.

"숲에서 돌아오네"를 보면, 아낙네는 숲에 가서 땔감으로 쓰기 좋은 작은 나뭇가지들을 주웠을 거라 생각됩니다. 그런데 비가 오니 이것들이 다 젖어 있겠지요. 따라서 "생나무 물에 젖어 연기 일지 않는데"는 자식들이 엄마의 옷자락을 잡아끄는 것보다 뒤에 일어난 일입니다. 엄마가 보리 베고 땔감 주워서 집으로 돌아오면 애들이 어떻겠습니까. 당연히 엄마의 옷자락을 붙잡고 "엄마 배고파, 왜 이제 왔어"라고 할 것입니다. 그러면 엄마는 알았어, 기다려, 보리 털어서 껍질 벗기고 불도 때야잖아, 그럴 겁니다. 그러므로 셋째 줄은 넷째 줄보다 훨씬 뒤에 일어난 일입니다.

여기서 번역을 한 송재소 교수는 "연기 일지 않는데"라는 표현을 사용해 시간 순서를 조금 묘하게, 헷갈리게 만들어놓았습니다. 신문적으로 정확하게 번역하자면 "연기 일지 않을 텐데"라고 해야 합니다. 그렇다면 송재소 교수가 오역을 한 것일까요? 꼭 그렇다고는 말할 수 없습니다. 이 모든 시간의 순서를 다 알고 있지만 "않을 텐데"라고 표현하면 너무 설명적이 되기 때문에 "앓는데"라고 번역했을 수도 있어요. 그러나 중요한 것은 말의 표면이 아니라 내용의 순서입니다.

이 작품처럼 짧은 서정시에서는 마지막 줄이 가장 중요합니다. 그러므로 자식들이 "엄마, 왜 이제 왔어. 배고파"라고 말하는 대목이 넷째 줄에 오는 게 좋겠지요. 그런데 이 넷째 줄이 결정적인 역할을 하려면 엄마의 안타까움이 좀 더 부각되어야 합니다. 자식들이 배고프다고 말할 때 바로 밥을 차려줄 수 있다면 긴장감이 적지요. 하지만 이 시에서처럼 자식들이 엄마 옷자락을 붙잡고 배고프다고 하는데, '보리를 털고 껍질을 벗기고 물에 젖은 생나무에 불을 피우려면 우리 애들이 또 얼마나 배를 곯으며 기다려야 할까'라며 애태우는 엄마의 마음이 드러나면 그 슬픔과 안타까움이 극대화됩니다.

그래서 셋째 줄은 엄마의 마음속 생각이라고도 할 수 있는데, 넷째 줄에서 자식들의 애처로운 소리를 극적으로 드러내는 데 결정적인 역할을 합니다. 다시 말해 '생나무가 물에 젖어서 연기도 금방 일지 않고, 불도 잘 붙지 않을 텐데……. 아이고 이것들아, 그냥 엄마 왔다고 배고프다고 먹을 것을 달라고 하는구나'라고 해석할 수 있습니다.

또한 이 시를 쓴 작가 이달에 대해 아는 것도 중요합니다. 그는 양반가의 아들이지만 서출이었기에 양반으로 출세할 수가 없었습니다. 잡과에 응시해 살 만한 길을 택할 수도 있었지만 그렇게 하지 않고 평생 시만 쓰고 방랑하다 죽었습니다. 그렇기에 이달의 시는 어둡습니다. 하지만 그의 재능은 너무나 뛰어났습니다. 그에게는 하층민의 삶을 있는 그대로 바라보고 시로 그려내는 놀라운 안목이 있었어요. 사대부 입장에서 고담준론을 벌이며 높은 위치에서 내려다보는 게 아니라, 그냥 가까이에서 생활하는 사람의 감각으로 굉장히 구체적으로 관찰하여 작품에 담아냈습니다.

먹을 것을 간신히 구한 젊은 어미와 어린 자식들의 만남을 어떻게 이렇게 극적으로 포착할 수 있었을까요? 스물여덟 자의 한자만으로 이렇게 표현한 것을 보면 이달은 분명 무서운 사람입니다. 여기서 무섭다는 것은 말을 구사하는 능력과 사람을 바라보는 능력이 뛰어나다는 말입니다. 그러므로 이 작품을 이해하려면 한자만 알아서는 안 됩니다. 보리를 가지고 어떻게 밥을 하는지, 땔감을 가지고 불을 붙이려면 어떻게 해야 하는지 알아야 합니다. 그리고 인간을 볼 줄 알아야 합니다.

이것이 가장 중요합니다. 어떤 문학작품이든 제대로 감상하고 이해하려면 인간에 대한 이해와 통찰이 반드시 필요합니다.

Q & A
미니 인터뷰

Q 문학 행위란 고전문학과 현대문학, 한국문학과 외국 문학을 구분할 것 없이 모두가 다른 타자를 만나는 행위라고 하셨습니다. 최근 한국문학이 위기라는 말이 많은데요. 외국 문학에 대해 배타적일 필요는 없겠지만, 근본적으로 우리가 '한국문학'을 읽어야 하는 이유가 있다면 무엇입니까?

A 한국문학 또한 세상에 존재하는 수많은 개별 문학 가운데 하나입니다. 그러므로 중국문학, 일본문학, 영문학, 프랑스 문학, 칠레 문학 등에서 어느 것을 취하든 문학의 일반적인 이해로 나아갈 수 있고, 문학 작품에서 향유하고자 하는 것들을 얻을 수 있습니다.

그러나 사람은 누구나 추상적인 일반 개념으로서의 '사람'으로 존재하는 것이 아니라 일정한 언어, 역사, 문화를 공유하는 집단 속의 '나'와 '우리'로 존재합니다. 이것은 곧 우리가 특정한 문학적 환경 속에서 이 세상과 대면한다는 뜻입니다. 또 누구나 모국어를 통해 자신의 체험, 생각, 감정과 세계의 형상을 그려내도록 조건 지어짐을 뜻하기도 합니다.

어머니의 속삭임과 자장가, 할머니의 옛이야기, 마을의 전설과 민요, 종교적 세계관의 원형을 내포한 신화와 경전, 욕설, 은어, 금기어,

속담, 숱한 고전 작품들과 문학·예술에 관한 이런저런 설명과 다툼들… 태어나면서 겪게 되는 이런 수많은 체험들이 우리로 하여금 특정한 모국어 문학의 상속자가 되게 하며 그 속에 얽어 넣습니다. 우리가 외국의 언어와 문학에 관심을 갖고 독서하는 이유는 바로 이러한 '갇혀 있음'의 편견이나 무지를 넘어 더 넓은 안목으로 세계를 보고 스스로를 올바르게 인식하기 위해서입니다. 그런 뜻에서 외국 문학을 다양하게, 깊이 이해하는 일도 무척 소중한 일이라 할 수 있습니다.

그러나 이렇게 타자를 앎으로써 나의 한정된 세계를 확장한다는 것은, 즉 타자를 향해 개방되고 확장되기 위해서는 그렇게 할 나와 내 세계가 있어야 하며, 이에 대한 주체적인 인식이 반드시 필요합니다. 이처럼 모국어 문학은 한 주체의 주체됨을 떠받치며 다른 여러 문학을 능동적으로 이해하며 확장해 나가는 토대라 할 수 있습니다. 또 문학 일반의 문제를 깊이 있게 탐구하고자 한다면 각자의 모국어 문학이 가장 근본적인 바탕이 됨은 물론 그 성과를 최종적으로 확인하는 귀착점이 됩니다. 어쩌면 당연하게 느껴지는 이러한 논리야말로 우리가 한국문학을 읽어야 하는 가장 분명한 이유가 될 것입니다.

Part. 5

공감하고 연대하는 시민을 어떻게 키워낼 수 있을까?

이/도/흠

인간이 가장 인간다울 수 있는 특성은 의미의 이해와 성찰, 공감과 연대입니다. 올바로 존재의 의미를 추구하고 공감하고 연대하는 시민을 저는 '눈부처-주체'라고 부릅니다. 오늘의 이 강의는 눈부처-주체가 무엇이며, 우리 시민들을 어떻게 눈부처-주체로 거듭나게 할 것인지 설명하는 내용이 되겠습니다.

의미의 이해와 성찰, 공감과 연대가 필요하다

지금 우리 한국 사회는 어떤 모습인가요? 개발독재와 신자유주의 체제의 모순, 권력층의 부패와 부조리, 잘못된 정치, 견제 장치 및 세력의 무력화 등으로 인해 이른바 '헬조선'으로 전락하고 말았습니다. 시민 또한 생존 위기에 내몰리고 신자유주의의 탐욕을 내면화하면서 사회의 문제를 방관하고 권력에 휘둘리는 소시민으로 자리하고 있습니다. 시민사회가 붕괴하면서 국가 – 자본 – 종교 권력층 – 보수 언론 – 어용 지식인 및 전문가 집단으로 이루어진 카르텔은 거의 견제를 받지 않은 채 부패와 부조리를 일삼으며 권력을 남용하고 폭력을 휘두르고 있습니다. 학교는 기업 연수원으로 전락한 지 오래고, 대다수 시민은 불평등에 더하여 부당한 착취와 억압, 인권 유린과 여러 자유의 제한 속에서 신음하고 있습니다. 또 그와 관계없이 세계는 탈산업, 탈국가, 탈근대, 디지털 사회, 공유경제, 인공지능 시대를 향해 질주하고 있습니다. 특히 인공지능은 교육의 패러다임과 방법을 혁신할 것을 강력히 요구합니다.

이러한 상황에서 우리가 추구해야 할 교육의 목표는 '우리가 사는 이 세계를 올바로 이해하고, 존재의 의미를 성찰하고, 타자의 고통에 공감하고 협력하며 연대하는 시민들로 만드는 것'이어야 합니다. 저는 인간이 가장 인간다울 수 있는 특성은 다른 무엇보다 의미의 이해와 성찰, 공감과 연대라고 생각합니다. 올바로 존재의 의미를 추구하고 공감하고 연대하는 시민을 저는 저만의 용어로 '눈부처-주체'라고 부릅니다. 오늘의 이 강의는 눈부처-주체가 무엇이며, 우리 시민들을 어떻게 눈부처-주체로 거듭나게 할 것인지 설명하는 내용이 되겠습니다.

포섭과 배제, 세계를 움직이는 원리

지금 우리가 사는 세계를 움직이는 원리는 포섭과 배제입니다. 현대인은 자본주의 체제 속에서 교환가치를 더 중시하면서 물화(reification)하여 물질과 돈을 신처럼 섬기고 존재의 의미를 상실한 채 심각한 소외를 겪고 있습니다. 한 푼의 돈과 권력을 위하여 사람을 속이고 폭력을 가하고, 심지어 살해하는 일이 일상이 되었습니다. 모든 이들이 고독과 고립, 불안 속에서 삶을 연명하고 대다수가 과도하게 일을 합니다. 소수의 특권층이 모든 것을 독점하고 관료체제와 국가체제, 세계체제는 이를 더욱 강화하고 정당화하는 쪽으로 작동하고 있습니다. 이 와중에서 착한 사람만 손해를 봅니다. 한 개인이 착하게 살고자 하여 돈보다 사람을 더 섬기고 이기적 욕심을 절제하며 이타적 협력을 위해 몸부림쳐도 세계체제, 국가, 사회구조, 이데올로기, 제도와 법, 문화, 그리고 이미 자본주의적 인간으로 변한 타인이 이를 방해합니다. 넘쳐나는 상품의 소비와 화폐 증식의 욕망, 향락을 매개로 악의 제국으로 포섭하고, 그래도 유혹에 넘어가지 않는 사람이 있으면 철저히 배제합니다. 대다수의 사람들이 악의 제국에서 돈을 섬기며 인간과 생명과 자연을 경시하고, 치열하게 경쟁하며 과도하게 일하면서 닭 모이처럼 던져준 돈과 향락, 휴식에 만족합니다. 노예면서도 주인으로 착각하며 사는 겁니다. 이렇게 배제된 자들이 생존 위기에 허덕이다 저항하면 철저히 폭력으로 응징하고 감옥과 정신병원 등 더욱 고립된 곳으로 배척합니다. 국가와 제국은 자본의 편에 서서 너무도 당연하게 폭력과 학살과 억압을 행하고 개인은 너무도 쉽게 자유와 인권, 생명을 유린당합니다. 빈자든 부자든 모두가 소외와 고독과 불안 속에 살기에, 모두가 구조적 폭력의 피해자이자 가해자입니다. 이러한 상황에서 시민들은 더욱 방관자로, 1차원적 인간으로 전락하고 있습니다.

 이러한 때에 시민을 실존적이고 비판적인 주체로 거듭나게 할 수 있는 방안으로 제시될 수 있는 것이 교육인데, 외려 교육 또한 불평등을 구조화하고 이를 내면화하는 기제로 작용하고 있습니다. 이제 진리를 남구하려는 욕구의 실현 도량, 지혜의 공유 및 전달의 마당, 인격 도야의 장으로서의 학교는 완전히 죽었으며, 교육은 영혼마저 '신자유주의화'하고 있습니다. 신자유주의 교육이 내세우는 개인의 자율성 함양, 능력 개발, 수월성이라는 것은 학생을 인격과 덕성과 교양을 갖춘 전인적인 인간으로 기르려는 것이 아니라 개인 사이의 무한 경쟁을 촉진하고 이를 합리화하려는 이데올로기 장치일 뿐입니다. 특목고, 자사고, 0교시 수업, 방과후 수업은 모두 경제적 인간, 기업 맞춤형 인간을 양산하려는 방편에 지나지 않습니다. 이명박과 박근혜 정권은 교육의 상당 부분을 학원 및 사기업에 내준 채 학교를 기업 연수원으로 전락시키고 학생 전체를 당장 기업에 활용하기 좋은 일꾼으로 만드는 데 주력하고 있습니다.

지금 사회는 상위 1%만이 진정한 자유와 행복을 누릴 수 있습니다. 이에 오르지 못하는 모든 이들이 '루저'입니다. 신자유주의 체제는 교육으로 불평등을 완화할 기회마저 박탈하고 불평등 구조를 공고히 합니다. 예전에는 가난한 학생이 상층으로 이동할 수 있는 통로가 교육이었습니다. 그러나 신자유주의 체제에서 이는 거의 불가능해졌습니다. 상위 1%라는 목표는 그들 수준으로 양질의 사교육을 감당할 수 있는 자본력과 정보력이 있어야만 도달할 수 있습니다. 교육은 빈민으로 전락하지 않기 위해 필사적으로 벌이는 생존경쟁의 도구이지만, 그 생존경쟁은 이미 승자와 패자가 정해진 게임입니다. 99%의 사람들, 이른바 '흙수저'들은 근원적으로 모두 패자이고, 패자로서 상처받고 소외와 박탈감을 겪을 수밖에 없습니다. 그럼에도 상위 1%에 오를 수 있다고 사이비 희망을 심어주고, 그에 오르지 못하면 개인의 능력과 재주가 모자라서 그렇게 되었다며 부조리한 체제를 합리화합니다. 이런 과정에서 개인은 경쟁제일주의와 능력주의를 내면화합니다. 이를 통해 국가는 교육을 사기업에 떠넘기는 것을 정당화하고, 신자유주의 체제의 모순을 개인의 책임으로 돌리며, 사회 전체로서는 계급 적대 의식을 무화하고 사회통합을 이룹니다.

이 상황에서 '아프니까 청춘'이라는 식의 담론이나 힐링 담론들은 사회의 모순을 개인의 문제로 환원하여 이 모순과 부조리를 심화합니다. 대안은 체제와 정권을 바꾸는 것이며, 이는 변화한 현실을 직시한 바탕 위에서 각성하여 저항의 주체로 나서는 시민이 있어야만 가능합니다.

특히 우리는 세월호 참사를 겪으며 대한민국이 돈과 물질, 효율, 국내총생산(GDP)보다 생명과 인간 존엄의 가치, 경쟁보다는 협력을 우선하는 사회로 전환해야 함을 통절하게 깨달았습니다. 교육 또한 "가만히 있으라"는 타율적이고 순응적인 교육에서 비판적이고 실천적인 주체, 타자의 고통에 침묵하거나 경멸하는 자아에서 타자의 고통에 공감하고 연대하는 상호 협력적 주체로 길러내는 교육으로 대전환해야 한다는 사회적 합의에 이르렀다고 봅니다.

지금 우리는 지그문트 바우만(Zygmunt Bauman)이 『액체근대』에서 지적한 대로, '유동하는 액체 덩어리'처럼 불확실하고 불안정한 사회에 살고 있습니다. 무모한 모험(risk)을 체계적으로 재생산하여 '모든 생명의 자기 파멸의 위협'을 가져와 직접 감지되지 않고 예측하기 어려워 불안감으로 충만한 '위험사회'에 살고 있습니다. 이에 대한 대안은 문제에 대해 성찰하고 불인과 불안전의 원인을 직시하고 타자와 연대하며 협력하는 주체로 시민을 육성하고 그러한 삶으로 전환하는 것입니다.

공유경제와 협력사회를 지향하는 디지털 사회

인터넷은 소통과 참여, 다양성, 개방성, 투명성, 자유와 공유를 지향합니다. 세르핫 콜로글루길(Serhat Koloğlugil)은 「마르크시즘의 디지털화: 집단지성과 비물질노동의 새로운 정치경제학」에서 "인터넷은 네트워크 사회의 모든 사람이 다른 모든 사람과 중개 없이 직접적으로 연결되는 사회적 조건"이라고 말하였습니다.

1980년대까지만 해도 수백만 원을 주고 브리태니카 백과사전을 사는 이들이 많았지만, 이제는 누구나 위키피디아에 들어가면 집단지성이 작성한 자료들을 언제든 무료로 찾아볼 수 있습니다. 예전에는 단체여행을 하면 비싸게 돈을 주고 인화한 사진을 보냈는데, 이제 인터넷이나 SNS를 통해 디지털 이미지파일을 무료로 보냅니다. 디지털 사진의 한계비용이 제로이기 때문입니다. 에너지 또한 화석연료에서 재료비가 무료인 데다 공유 가능한 태양에너지로 대체되고 있습니다.

토니 세바(Tony Seba)는 『에너지혁명 2030』에서 "태양광 시장이 더욱 확대되는 2020년이 되면 원유와 비교해 1만 2,000배의 원가 개선이 이루어지며 2030년의 에너지 인프라는 태양광으로 100% 충족될 것"이라고 주장합니다. 제러미 리프킨(Jeremy Rifkin)은 『한계비용 제로 사회-사물인터넷과 공유경제의 부상』에서 사물인터넷(The Internet of Things, IoT)과 3D프린터를 연결한 공유경제가 자본주의의 교환체제를 대체할 것이라고 주장합니다. 예를 들어 독일의 한 가정에서 지붕에 태양열 발전기를 설치하고 전기를 생산해서 쓰고 남은 것을 인터넷을 이용해 협동조합 방식으로 운영되는 가칭 유럽재생에너지센터로 보내면, 거기서는 지능형 네트워크 체계를 결합해 또 다른 필요처인 자동차 디자인 회사로 보냅니다. 그 회사에서는 답례로 자동차 설계도를 보내고, 독일의 한 가정에서는 가정의 3D프린터를 이용해 필라멘트를 주입하여 자동차를 만들 수 있습니다.

인류의 역사를 보면 새로운 에너지 체제와 새로운 커뮤니케이션 매개체를 창출했을 때 대변혁이 발생했습니다. 이에 제로 수준의 한계비용이 경제활동의 많은 부분을 협력적 공유사회로 전이함에 따라 기존의 자본주의 시장은 지배적 지위를 점점 더 상실할 것입니다. 리프킨은 밀레니엄 세대가 소유권보다 접근권을 선호하고 공감력이 뛰어나기에 이의 전환이 가능하다고 확신합니다. 이때 공유경제의 주체는 경쟁이 아니라 공감하고 협력하는 인간일 것입니다.

그래서 저는 디지털 사회에 부합하는 시민이 갖추어야 세 핵심 요소가 존재의 의미에 대한 성찰, 타자의 고통에 대한 공감, 타자와 협력과 연대라 생각합니다.

자기 앞의 세계를 해석하며
의미를 캐는 인간

인류의 역사가 600만 년에 이르지만 인간이 문명을 발전시킨 것은 1만 년이 고작 넘을 뿐입니다. 그럼, 인간은 어떻게 1만여 년 만에 스마트폰과 인공지능을 만들고 생명을 복제하고 지구 지질에 인류세(人類世, Anthropocene)를 만드는 등 거의 신의 경지에까지 다다르게 되었을까요? 이에 대해 진화생물학자들은 인간 뇌의 가소성이라 답하고, 인류학자들이나 사회학자들은 상대방에게 도움을 주면 나도 도움을 받는다는 보상 기대에 따른 협력이라고 주장합니다. 물론 그것들도 영향을 미쳤지만, 저는 의미의 생산과 공유, 전달이 결정적 작용을 했다고 생각합니다. 생물학적 존재로서 인간의 유전자(gene)는 돌연변이 등 유전자가 자연 및 외부환경과 상호작용을 통해 수십·수백만 년에 걸쳐 진화하지만 문화유전자(meme), 특히 의미는 아주 짧은 순간에도 공유, 학습, 전달, 기억에 의해 진화할 수 있기 때문입니다. 우리는 보통 도구에 따라 구석기시대, 신석기시대, 청동기시대 등으로 인류사를 구분하지만, 저는 의미의 범주에 따라 인류사를 새롭게 쓸 수 있다고 생각합니다. '균형'이란 관점 하나만 보더라도 크게 다섯 단계에 걸쳐 의미 변화가 이루어졌습니다.

1단계_숲 생활기: 사헬란트로푸스 차덴시스~오스트랄로피테쿠스 아파렌시스 (600만 년 전~330만 년 전): 인간과 자연의 상호작용 → 신체의 균형

2단계_도구 사용기(전기 구석기): 호모 하빌리스~호모에렉투스(330만 년 전~40만 년 전): 도구를 매개로 한 인간과 자연의 상호작용 → 수렵과 채취물의 균형

3단계_언어 소통기(중기 구석기): 호모 네안데르탈렌시스+호모 사피엔스 사피엔스(40만 년 전~4만 년 전): 구상적 은유화 → 예술작품의 균형

4단계_농경혁명 및 정착기(후기 구석기~신석기): 호모 사피엔스 사피언스~메소포타미아 문명(4만 년 전~1만 년 전): 인지적 유동성(cognitive fluidity)+농경 혁명 → 구체적 은유화 → 살림이나 재정의 균형

5단계_기축 시대(BC600~AD600년): 붓다, 공자, 예수, 마호메트의 지혜: 인지적 유동성+추상적 은유화 → 중도(中道), 중용(中庸)

인류는 자신의 몸과 자연, 온갖 사물이 깊은 연관 관계 속에 있다고 생각했습니다. 인류는 몸에 있는 감각을 통해 자연을 인지하고 몸을 이용해 걷고 달리고 팔을 뻗어 열매를 따고 사냥을 했습니다. 팔과 다리를 확장해 도구를 만들고, 몸통과 유사한 용기와 집을 만들었습니다. 인류는 그렇게 즉사적인 몸을 비유직 의미로 진환했습니다.

인간이 고도의 정신문명을 형성한 것은 1만여 년에 지나지 않습니다. 인간은 6백만 년 동안 몸을 움직여 수렵을 하고 채취를 하며 생존해왔습니다. G. 레이코프(George Lakoff)가 『몸의 철학-신체화된 마음의 서구 사상에

대한 도전』에서 지적한 대로 "인간은 한 종류의 사물을 다른 사물이나 몸을 통해 이해하고 경험하며 사고를 형성했습니다". 인류는 그가 서 있는 몸을 통해 시간과 공간을 인식하고, '보름달'에서 그처럼 동그란 '엄마 얼굴'을 떠올렸습니다. 유사성의 유추인 은유를 통해 몸을 바탕으로 신체를 확장하여 자기 앞의 세계를 인지했습니다. 본다는 것은 알거나 이해하는 것입니다. 남의 말을 청각을 통해 듣고 받아들이기에, 듣는 것은 복종이나 깨달음을 뜻합니다. 인간의 말이라면 복종이고, 신의 말씀이라면 깨달음입니다. 사냥감이나 그 자취를 후각을 통해 맡기에, 냄새를 맡는 것은 추적하거나 조사하는 것을 의미합니다. 상한 것인지 아닌지 혀를 통해 감지하기에, 맛보는 것은 시험하는 것입니다. 사냥감과 천적을 잘 볼 수 있고, 이 때문에 무리에게 그 사실을 알릴 수 있었기에, 높은 것은 기분이 좋은 것이자 능력이나 힘이 있는 자를 뜻하고 낮은 것은 그 반대를 뜻합니다. 앞서면 사냥감과 과실을 먼저 획득할 확률이 높았기에, 앞서서 가는 것은 발전이고 뒤처지는 것은 퇴보입니다.

인간의 몸이 자연과 상호작용하면서 몸을 통해 활동하고 이 신체적 경험을 반복하면서 '영상도식'을 만들었습니다. 그리고 이 영상도식을 은유의 매개를 통해 구상적인 것이나 추상적인 것에 투사하여 추상적인 것을 이해하고 의미를 부여하며, 이를 더욱 체계화하여 심오한 사고를 형성하였습니다. 인간은 자연과 접촉하고 대응하면서 자연적 지능, 과학기술적 지능, 사회적 지능을 형성하기 시작했고, 이것을 종합하여 세계를 이해하고 의미를 만들어 서로 공유하고 다음 세대로 전달하였습니다.

새로운 연구에 의하면 인류는 이미 600만 년 전부터 나무에서 생활하면서 직립을 했으며, 나무에서 떨어지지 않기 위해 팔과 다리를 움직여 신체의 균형을 유지하는 행동을 했습니다. 이런 신체적 경험을 반복하면서 '신체의 균형'이라는 영상도식을 형성했습니다. 신체의 은유는 문명의 발전에 따라 다른 영역으로 횡단하며 유사성의 유추를 심화하였습니다. 도구를 사용하는 전기 구석기시대에는 사바나에서 생활하면서 신체의 균형을 확대하였습니다. 이때 너무 욕심을 부리면 맹수에게 죽거나, 성공해도 수확물이 썩어버린다는 것, 반면에 너무 적게 가져오면 굶주리게 되는 것을 경험합니다. 그래서 이러한 수렵 행위도 나무에서 몸의 균형을 잡듯 해야 함을 깨닫고 '수렵과 채취물의 균형'으로 의미를 확대합니다.

그러다가 40만 년 전 인류에게 획기적인 사건이 일어납니다. FoxP2유전자에 돌연변이가 생겨 침팬지와는 현격한 차이가 나게 발음기관을 움직여 정교한 언어를 사용해 소통하기 시작합니다. 이때 본격적으로 도구를 제작하고 예술작품을 만들면서 구상적 영역을 횡단하여 '예술작품의 균형'으로 의미를 확대했습니다. 당시의 예술작품에서 좌우 대칭은 중요한 미적 요소가 되었습니다. 후기 구석기시대에 와서 농경을 하고 부를 축적하고 경제생활을 하면서 숫자를 만들고 부기를 사용하면서 사치와 검소, 이로 인한 흥망을 겪었으며 이를 통해 재정의 영역을 횡단하여 신체의 균형은 '재정의 균형'으로 전환했습니다. 기축시대에 붓다와 공자, 예수, 마호메트에 의해 종교와 형이상학의 혁명이 일어나면서 고도의 추상적 사유를 하고 이를 체계화했고, 신체의 균형은 형이상의 영역을 횡단하여 욕망과 수행, 해방과 억압 사이의 중도와 중용의 은유로 전환했습니다. 이후 중도와 중용은 사상의 발전에 따라 그 뜻이 점점 심화하였습니다.

개인적으로 보아도 인간은 의미의 존재입니다. 어떤 이들은 좋은 옷과 맛난 음식, 안락한 집, 돈, 권력, 쾌락을 멀리하고 오로지 진리, 정의, 신 등의 의미를 구현하기 위하여 목숨을 던지기까지 합니다. 일례로, 행상을 하던 아주머니가 발이 부르트고 수모를 당하는 고통 속에서도 아들이 곧 판사가 되리라는 의미로 인해 미소 지으며 일을 했는데 아들이 교통사고로 죽자 갑자기 병이 들어 죽었다고 합니다. 우리는 이런 종류의 이야기를 주변에서 흔하게 들을 수 있습니다. 암울한 일제강점기에는 어두운 하늘에서 맑게 반짝이는 별을 바라보며 많은 청년들이 조국의 독립을 위해 기꺼이 청춘을 불살랐습니다. 그처럼 인간은 자기 앞의 세계를 해석하며 의미를 캐고 존재의 의미를 성찰하며 이를 지향하는 실천을 합니다.

선(善)을 키우는
네 가지 방법

인간의 본성은 선한가, 악한가. 인간은 이기적이고 경쟁적이어서 끊임없이 타인과 싸우고 빼앗고 착취할 것인가, 아니면 타인과 협력하여 공존을 모색할 것인가.

인류는 수천 년 동안 일신론과 이신론, 성선설과 성악설로 논쟁하였습니다. 하지만 이는 당위적이고 윤리적인 주장이며 반증이 불가능한 비과학적 진술입니다. 리처드 도킨스(Richard Dawkins)는 38억 년 동안의 생물의 진화를 일반화하여 『이기적 유전자』에서 "인간은 이기적 유전자를 가진 생존기계에 불과하며 이기적 유전자의 목적은 유전자풀(gene pool) 속에 그 수를 늘리는 것이다"라고 말합니다. 오류도 많고 그만큼 비판도 많고, 본인의 의도와 달리 제국주의나 신자유주의를 옹호하는 데 이용되기도 하지만, 이는 인간의 이기적이고 경쟁적인 속성을 파악하는 데 유용합니다. 그의 지적대로 98.8%의 유전자가 침팬지와 일치하는 생물학적 존재로서 인간은 자신, 자신과 유전자를 공유하는 자식과 집단의 유전자를 늘리기 위해 타인을 약탈해왔고, 지금도 여전히 그렇습니다.

하지만 인간은 사회적 존재입니다. 인간은 언제나 사회를 형성하며 서로 협력했습니다. 짐승 때부터 기원하겠지만, 추위를 피해 불 주변에 모였던 인간은 집단을 형성했습니다. 한 원시인이 홀로 사냥해 한 달에 사슴 3마리를 잡았는데 10명이 무리를 지어 사냥해 40마리를 잡았다면 후자가 자신의 유전자를 확대하는 데 더 유리합니다. 인간은 사회와 문명을 수용하는 대가로 이기적 본능과 욕구를 유보하고 이타적 협력을 했습니다. 피터 싱어(Peter Singer)는 『사회생물학과 윤리』에서 "인간이 이타적 협력을 바탕으로 사회를 형성하면서 혈연 이타싱(kin altruism), 호혜적 이타성(reciprocal altruism), 집단 이타성(group altruism)을 추구하기 시작하였고, 고도의 이성을 바탕으로 맹목적 진화에 도전하여 공평무사한 관점을 증진시키며 윤리적 이타성 또한 추구했다고 주징힙니다.

협력을 잘하는 자가 진화에도 유리한 탓에 몸도 변했습니다. 인간의 두뇌신경세포에 타인을 모방하거나 타인의 고통에 공감하는 거울신경세포체제(mirror neuron system)가 형성되는 것으로 진화했습니다. 리촐라티(Glacomo Rizzolatti) 등은 「거울신경세포체제: 운동신경세포체제에 기반한 행위와 의도 이해의 메커니즘」이란 논문에서 "거울신경세포체제는 언어 학습과 소통에 관여하고 도움을 주면서 인간이 다른 동물과 현격하게 다르게 사회적 상호작용을 하는 데 관여한다"라고 밝혔고, 페라리(P.F. Ferrari) 등은 「후성유전학의 렌즈로 보는 거울신경세포의 발달」이란 논문에서 "거울신경세포체제가 타인에게 자신의 표현을 더 쉽고 안정적으로 전달하려는 것을 선호하는 데서 기인한 자연선택의 결과"라고 밝혔습니다.

결론적으로 인간은 선과 악, 이기와 이타가 공존하는 유전적 키메라(genetic chimera)입니다. 짐승들도 도구를 사용하기에, 인간다울 수 있는 최상의 특성은 타자의 아픔에 공감하는 것입니다.

이처럼 인간은 영장류와 달리 타자에 대한 공감, 이성과 감성의 조화, 정교한 소통, 의미의 창조, 기억의 공유와 집단학습, 시간과 죽음과 신에 대한 인식과 성찰, 도구의 활발한 사용과 노동과 협력을 매개로 한 사회 형성 등의 특성을 보입니다. 인간은 타인과의 관계, 제도, 구조에 따라 인간 내면의 여러 특성과 자질들이 상호작용하면서 선을 더 드러내기도 하고 그 반대로 행하기도 했습니다.

그러기에 중요한 것은 인간의 본성의 선악에 대한 논쟁이 아닙니다. 어떻게 인간이 선을 서로 증장하게 할 것인지가 훨씬 더 중요합니다. 인간은 생물학적 존재인 동시에 존재의 의미를 성찰하고 더 나은 의미를 지향하며 실천하는 실존적 존재, 타자와 협력하는 사회적 존재, 더욱 아름다운 것을 추구하는 미적 존재, 거룩함을 향하여 비속함을 초탈하는 초월적 존재이기도 합니다. 지극히 선한 자에게도 타인을 해하여 자신의 이익을 확대하려는 악이 있고, 악마와 같은 이에게도 자신을 희생하여 타자를 구원하려는 선이 있습니다. 제가 지금까지 공부한 것을 종합하여 추론하면 개인의 차원이든 집단의 차원이든, 선과 악의 비율을 결정하는 요인은 크게 ①노동과 생산의 분배를 관장하는 체제, ②타자에 대한 공감, ③의미의 창조와 공유, ④사회 시스템과 제도, ⑤종교와 이데올로기, ⑥의례와 문화, ⑦집단학습, ⑧타자의 시선 및 행위, ⑨수행, ⑩법과 규정, ⑪지도자 등 대략 11가지입니다.

노동과 생산의 분배가 정의롭고 공정하게 행해지는 집단에서는 악이 거의 행해지지 않습니다. 타자의 고통에 크게 공감하는 집단에서는 폭력과 악행의 자리를 돌봄과 협력, 선행이 대신합니다. 자신의 존재 의미에 대해 성찰하고 이를 공유하면 악이 비집고 들어갈 마음의 틈 자체가 없어집니다. 선한 자가 복을 받고 악한 자가 벌을 받는 시스템과 제도가 발달한 사회일수록 악과 폭력이 사라집니다. 현세는 물론 내세에까지 선과 악에 대한 보상과 벌을 강조하는 종교와 이데올로기와 억압이 강한 사회일수록, 때로는 다른 집단과 종교에 대해서는 악일 수도 있지만, 그 종교와 이데올로기에서 권하는 선이 더 많이 행해집니다. 선을 공유하는 공동의 의례가 잘 행해지고 그런 문화가 발달한 곳일수록 구성원들이 선을 행하려고 노력

합니다. 또 집단학습을 통해 선과 이타적 협력으로 이기적 목적을 달성할 수 있는 길, 악을 행한 것에 대한 벌, 윤리적 행위에 대한 보상에 대해 배웁니다. 구성원의 유대가 긴밀한 공동체일수록 타자의 시선과 행위를 의식해 악을 억제하고 서로 선을 행합니다.

우리는 타자의 선행에 감동해 선행이 릴레이처럼 이어지는 모습을 종종 보게 됩니다. 인간은 수행을 통해 탐욕을 멀리하고 깨달음에 이르거나 비속함에서 벗어나 궁극의 진리나 거룩한 세계를 지향합니다. 법이 공정하게 선악을 심판하고 징벌을 하는 곳에서는 범죄가 줄어듭니다. 좋은 지도자는 앞의 10가지를 공동체의 선을 증장하는 방향으로 정치를 하고, 나쁜 지도자는 그 반대입니다. 이 가운데 교육은 ②, ③, ⑦, ⑨에서 역할을 할 수 있습니다.

'생각 없음'과 '복종'보다 더 큰 문제는 동일성에서 비롯된 배제와 폭력

교양과 상식, 이성을 가장 잘 갖춘 20세기가 외려 집단학살을 자행하는 '극단의 세기'가 된 이유는 무엇일까요? 유태인 대학살의 주범인 아이히만(Adolf Otto Eichmann)재판을 목격한 한나 아렌트(Hannah Arendt)는 이러한 물음에 대해 『예루살렘의 아이히만』을 통해 평범한 사람들도 '순전한 생각 없음(sheer thoughtlessness)'의 상태에서 모든 것을 안일하게 수용하며 주체적으로 생각하고 판단하지 않으면 누구나 '아이히만'이 될 수 있다고 답합니다. 이름하여 '악의 평범성'입니다.

또 밀그램(Stanley Milgram)과 짐바르도(Philip Zimbardo)는 실험을 통해 '상황과 권위에 대한 복종' 때문이라고 주장합니다. 밀그램의 실험에 참가해 교사 역할을 맡은 이들 가운데 65%가 학생 역할을 맡은 피험자들이 죽을 수 있음을 알고도 가장 높은 단계(30단계, 450볼트)까지 전기 충격을 가하였습니다. 짐바르도의 감옥 실험에서도 교도관 역할을 맡은 평범한 학생들이 죄수 역할을 맡은 학생들에게 상당한 폭력을 가하였습니다.

그러나 저는 이런 것들보다 더 근본적인 이유가 있다고 생각합니다. 자기 생각 없이 그저 조직에 충실하기만 한 아이히만에게 히틀러가 독일 우파 시민을 학살하라고 명령을 내렸다면 어떻게 되었을까요? 그가 유태인에게 하듯이 아무런 거리낌 없이 명령을 수행했을까요? 학살이 있기 전에는 반드시, 특정 집단의 사람들을 자신과 구분하고 그들을 배제하고 악마화하는 '증오 언어(hate speech)'가 동원됩니다. 서양 제국의 남미 정복 시대에 백인들은 유색인을 '하느님을 믿지 않는 짐승이나 악마'로 매도했고, 히틀러는 유태인을 '절멸시켜야 할 빨갱이 반기독교도'로, 르완다의 후투족은 투치족을 '바퀴벌레'로, 관동대지진 때 일본인들은 조선인을 '우물에 독을 탄 폭도'로 매도하며 그러한 증오 언어가 소문이니 미디어를 타고 번졌습니다. 학살은 그 후에 진행되었지요.

그러기에 저는 가장 중요한 문제는 "동일성"이라고 봅니다. '생각 없음'보다, '권위에 대한 복종'보다 더 근원적인 것은 "동일성에서 비롯된 타자에 대한 배제와 폭력"입니다. 가령 기독교도들은 다른 종교를 믿는 사람을 이단이나 악마로, 백인은 유색인을 야만적인 짐승들로, 우파는 좌파를 '빨갱이 불순분자'로 타자화하여 폭력을 가하면서 동일성을 강화하고, 그 안에서 안정을 누리며 집단의 유대를 강화하려는 속성을 갖습니다. 인류는 유전자의 번식 본능, 농경 생활, 문명과 비문명의 구분, 전염병, 언어 및 이로 이루어진 종교와 이데올로기 등의 요인으로 동일성을 만들고 강화해왔습니다. 아이히만은 독일인으로서, 게르만족으로서, 독일군 장교로서 자부심을 가지고 충직하게 명령을 수행했습니다. 아이히만에게 진정으로 부족했던 것은 '생각 있음'이 아닙니다. 타자인 유태인의 입장에서 생각하지 못하고 그들과 대화하지 않은 것이 문제입니다. 그가 아무리 무지한 자라 하더라도, 유태인의 입장에서 잠시만이라도 고통을 추체험했다면 그렇게 서슴없이 학살을 주도하지는 못했을 것입니다.

실험에서도 이를 뒷받침하는 결과가 나왔습니다. 마틴 루터 킹 목사가 암살된 바로 다음 날 초등학교 교사였던 제인 엘리엇(Jane Elliot)은 반 학생들을 파란색 눈동자 집단과 갈색 눈동자 집단으로 나누어 실험을 했습니다. 파란색 눈동자를 가진 학생들을 금방 알아볼 수 있도록 목에 두르는 천 조각으로 표시하고 이들의 기본적인 권리를 제한했습니다. 반대로 갈색 눈동자 학생들에게는 특혜를 제공했습니다. 그 후 파란색 눈동자를 가진 학생들의 집단에서는 똑똑하고 쾌활하던 학생들이 겁에 질리고 소심해지고 갈팡질팡하는 어린 바보가 되었습니다. 파란색 눈동자 집단은 시험에서도 낮은 점수를 기록했고 열정을 보이지도 않았으며 학급 활동에도 많은 적개심을 보였습니다. 반대로 행해도 결과는 마찬가지였습니다.

이처럼 동일성이 형성되는 순간 세계는 동일성의 영토로 들어온 것과 그렇지 못한 것으로 나뉩니다. 동일성은 '차이'를 포섭하여 이를 없애거나 없는 것처럼 꾸밉니다. 동일성은 인종, 종교, 이데올로기, 입장이 다르다는 이유로 분리해 타자로 규정합니다. 그리고 타자로 구분한 이들을 편견으로 바라보며 '배제'하고, 이에 '폭력'을 행사하며 동일성을 유지하거나 강화합니다. 반대로 주류의 동일성에 의해 타자화한 개인이나 집단은 삶의 활력을 잃고 자기실현을 하지 못하며 주눅이 듭니다.

인간은 서로가 서로를 생성하게 하는
상호생성자(inter-becoming)

근대성의 위기 중 하나로 동일성에 대해 성찰하면서 자크 데리다(Jacques Derrida), 질 들뢰즈(Gilles Deleuze), 에마뉘엘 레비나스(Emmanuel Levinas) 등의 철학자들은 동일성을 해체하는 차이(difference)나 타자와 공존을 추구하는 타자성(alterity)의 사유를 대안으로 제시합니다. 저는 이들의 사유가 타당하다고 생각하지만 실제 삶과 현실에 적용할 때 괴리를 느끼고 원효의 변동어이(辨同於異)론에서 추출한 눈부처의 차이를 대안으로 제시합니다.

원효는 『금강삼매경론』에서 "같다는 것은 다름에서 같음을 분별한 것이요, 다르다는 것은 같음에서 다름을 밝힌 것이다. 같음에서 다름을 밝힌다

하지만 그것은 같음을 나누어 다름을 만드는 것이 아니오, 다름에서 같음을 분별한다 하지만 그것은 다름을 녹여 없애고 같음을 만드는 것이 아니다. 이로 말미암아 같음은 다름을 없애버린 것이 아니기 때문에 바로 같음이라고 말할 수도 없고, 다름은 같음을 나눈 것이 아니기에 이를 다른 것이라고 말할 수 없다. 단지 다르다고만 말할 수가 없기 때문에 이것들이 같다고 말할 수 있고, 같다고만 말할 수가 없기 때문에 이것들이 다르다고 말할 수 있을 뿐이다"라고 말합니다.

이게 무슨 뜻일까요? 이 말을 이해하려면 서양의 실체론에서 벗어나 연기론의 세계로 들어가야 합니다. 『잡아함경(雜阿含經)』에서는 "이것이 있어 저것이 있고 이것이 일어나니 저것이 일어난다"라고 말합니다. 이것이 있으므로 이로 말미암아 저것이 있게 되며, 저것이 일어나므로 그로 말미암아 이것이 일어납니다. 우주 삼라만상 가운데 모든 것이 나와 깊은 연관을 맺고 있으며 서로 조건과 원인으로 작용하며 서로 의지합니다. 한 원인이 한 결과를 낳을 뿐만 아니라 그 결과가 다시 원인이 됩니다. 모든 존재는 서로 의존하고 인과로 작용하며 서로를 만들어주는 상호의존성과 상호생성성의 관계의 다발 속에 있습니다.

인간 또한 존재인 동시에 상호생성자(inter-becoming)입니다. 아주 미세하여 우리가 감지하지 못하지만 찰나의 순간에도 내 호흡에 영향을 받아 내 앞의 대기의 미생물이 달라집니다. 내가 뿜어내는 이산화탄소로 인해 호기성 박테리아는 줄어들 것이고 혐기성 박테리아는 늘어날 것입니다. 그리 변한 대기가 나와 내 앞의 자연, 주변 사람의 몸에 영향을 미치고, 그리 달

똑바로 상대방의 눈동자를 바라보면
상대방의 눈동자 안에 비춰진
내 모습을 발견할 것입니다.
이를 우리말로 '눈부처'라 부릅니다.
여기에 저는 철학적 의미를 부여합니다.
내 모습 속에 숨어 있는 부처,
곧 타자와 자연, 나보다 약한 자들을 사랑하고
포용하고 희생하면서 그들과 공존하려는 마음이
상대방의 눈동자를 거울로 삼아 비추어진 것입니다.
그 눈부처를 바라보는 순간
상대방과 나의 구분이 사라집니다.

라진 몸은 다른 숨을 내뿜고 그 숨은 다시 대기의 미생물에 변화를 줍니다. 미생물은 주변의 자연과 생명에 영향을 미칩니다. 이처럼 모든 존재는 서로 원인이 되고 결과가 됩니다. 이는 정적인 것이 아니라 역동적(dynamic)인 상호 인과관계를 형성합니다. 다시 말해 원인이 결과가 될 뿐만 아니라 결과가 다시 원인이 됩니다. 타자의 의식, 말, 행동과 몸짓이 나에게 영향을 미쳐 나를 형성하고, 그 반대의 경우도 거의 동시에 이루어집니다. 그렇듯 찰나의 순간에도 타자는 내 안에 늘 들어오며 나를 형성하고 있으며 그 역(逆)도 언제나 진행 중입니다. 그러기에 우리는 모두 서로가 서로를 생성하게 하는 '상호생성자(inter-becoming)'입니다.

상대방의 눈동자에 비친 내 모습, 눈부처

똑바로 상대방의 눈동자를 바라보면 상대방의 눈동자 안에 비춰진 내 모습을 발견할 것입니다. 이를 우리말로 '눈부처'라 부릅니다. 이는 물론 그 형상이 부처의 모습과 닮은 데서 연유한 것입니다. 여기에 저는 철학적 의미를 부여합니다. 눈부처는 상대방을 만나 사랑의 마음을 가지고 가까이 가서 눈을 마주치며 하나가 되고자 할 때만 보입니다. 내 모습 속에 숨어 있는 부처, 곧 타자와 자연, 나보다 약한 자들을 사랑하고 포용하고 희생하면서 그들과 공존하려는 마음이 상대방의 눈동자를 거울로 삼아 비추어진 것입니다. 그 눈부처를 바라보는 순간 상대방과 나의 구분이 사라집니다. 눈부처는 타인 안의 부처이자 내 안의 부처입니다.

눈부처의 차이, 곧 역동적인 차이는 개념적이고 당위적인 차이나 다양성, 복합성과 다릅니다. 예를 들어 자신의 대학 등록금을 마련하기 위하여 누이가 독일에 간호사로 간 대학생이 있다고 가정합시다. 누이가 독일 의사에게 성폭행을 당해 자살하였고, 그 바람에 그는 대학을 중퇴하고 갖은 노력 끝에 중소기업의 사장이 되었습니다. 그는 독일인 의사를 원수처럼 여기고 자신은 그처럼 되지 않기 위해 직원 가운데 절반은 이주노동자를 고용하고 그들을 형제와 자식처럼 대했습니다. 밥과 술을 같이 먹고 주말엔 함께 어울려 공도 차고 등산도 갔습니다. 이주노동자들도 그를 형이나 아버지라 부르며 따랐습니다. 그러던 어느 날 그의 아들이 아프리카 탄자니아 출신의 흑인 여성 이주노동자와 결혼을 하겠다고 나섰습니다. 그는 "내가 이주노동자들에게 관용을 베풀고 있지만 내 손자가 검은 피부로 태어나는 것까지 받아들이기는 어렵다"라고 했습니다. 그러자 아들은 "아버지야말로 그토록 증오하는 독일인 의사야!"라고 외쳤습니다. 충격적인 말을 들은 그는 밤을 새워 성찰했고 자신에게서 독일인 의사의 모습을 발견하고는 눈물을 흘렸습니다. 아침이 되자 그는 탄자니아 노동자에게 전화했으며, 며칠 뒤 함께 소풍을 가서 그녀에게서 누이의 모습을 발견하였습니다. 그는 진심으로 사과하며 그녀를 며느리로 받아들였고, 아들과 탄자니아 노동자 또한 아버지의 아픈 기억을 추체험하며 함께 눈물을 흘렸습니다. 이렇게 나와 내 안의 독일인 의사, 흑인 노동자와 그 안의 누이, 네 자아가 공감에

의하여 하나가 되어 포옹하는 순간이 바로 '눈부처-차이'입니다.

이처럼 눈부처-차이는 내 안의 타자, 타자 안의 내가 대화를 하여 공감을 매개로 하나로 어우러지는 것입니다. 이는 두 사람이 서로 감성에 의해 차이를 긍정하고 몸으로 상대방을 수용하고 섞이면서 생성되기에 동일성으로 환원되지 않습니다. 질 들뢰즈가 어떤 방식으로도 동일성으로 귀환하지 않는 '차이 그 자체'에 주목하며 『차이와 반복』에서 "이는 절대적이고 궁극적인 차이로 감성과 초월적 경험에 의해서만 도달할 수 있다"라고 말한 것과 통합니다. 차이를 전적으로 받아들이는 자는 다른 것을 만났을 때 그것을 통해 자신을 변화시킵니다. 나와 타자 사이의 진정한 차이와 내 안의 타자를 찾아내고서 자신의 동일성을 버리고 타자 안에서 눈부처를 발견하며 내가 타자가 되는 것이 바로 눈부처-차이입니다. 이 사유로 바라보면 이것과 저것의 분별이 무너지며 그 사이에 내재하는 권력과 갈등, 타자에 대한 배제와 폭력은 서서히 힘을 상실합니다. 그 타자가 자신의 원수든, 이민족이든, 이교도이든 그를 부처로 만들어 내가 부처가 되는 사유이기 때문입니다.

'눈부처-주체'는 이 세계를 올바로 인식하고 판단하며 자신의 지향성에 따라 의미를 구성하고, 이 의미를 따라 실천하며 새롭게 세계를 구성하는 자인 동시에 동일성이 타자에 대한 배제와 폭력을 야기한 것을 성찰하여 타자의 고통에 공감하고 연대하는 주체를 뜻합니다.

눈부처-주체는 이를 달성하기 위해 소극적 자유, 적극적 자유, 대자적 자유를 종합합니다. 소극적 자유는 모든 구속과 억압, 무명(無明), 탐욕에서 벗어나 외부의 장애나 제약을 받지 않은 채 생명으로서 생의 환희를 몸과 마음이 가는 대로 누리며 자신의 목적을 구현하고 인간으로서 실존하는 것을 의미합니다. 적극적 자유는 자기 앞의 세계를 올바로 인식하고 판단하고 해석하면서 모든 장애와 소외를 극복하고 세계를 자신의 의지와 목적대로 개조하면서 진정한 자기를 실현하는 것을 뜻합니다. 노동과 실천을 통해 세계를 변화시키거나 수행을 통해 자기완성을 이룰 때 도달하는 희열감의 상태가 이 경지입니다. 대자적 자유는 자신이 타자와 사회관계 속에서 밀접하게 관련이 있음을 깨닫고 타자의 아픔에 공감하고 연대하여 타자를 더 자유롭게 하여 내 자신이 자유로워지는 것을 의미합니다. 이처럼 눈부처-주체는 내 삶이 다른 타자 및 생명과 긴밀하게 연관되어 있음을 깨닫고 그를 위해 나의 욕망을 자발적으로 절제하고 노동과 실천을 통해 세계의 변화와 자기 변화를 구체적으로 종합하는 실천 속에서 실존의 의미를 찾고 타인을 더 자유롭게 하여 내 자신이 자유로워질 때 환희를 느끼는 존재입니다.

그렇다면 무력하고 방관하는 소시민을 어떻게 눈부처-주체로 거듭나게 할 수 있을까요?

비고츠키의 교육론과 저의 교육론을 결합하여 정의하면, 교육은 교육자가 피교육자에게 무엇인가를 가르치거나 전해주는 것이 아니고 깨달음에 이르게 하는 것도 아닙니다. 인간이 세계와 마주쳐 상호작용하면서 그를 이해하고 해석하는 가운데 타자와 만나 서로 의지하고 생성하는 자임을 인식하여 그의 고통에 공감하고 욕망을 자발적으로 절제하고 협력하면서,

인류가 온축한 지식과 지혜를 바탕으로 세계의 모순과 부조리에 대응하고, 타인과 부단한 상호작용 속에서 서로 깨닫고 이를 끊임없이 향상시키면서 완성에 이르고자 하는 적극적 실천입니다. 교육은 내가 그리로 가 그를 발달, 완성시키고 그를 통해 다시 나를 발달, 완성하는 부단한 상호작용의 행위입니다. 가장 먼저 수행해야 하는 작업은 이 세계를 올바로 이해하고 여기서 올바른 의미들을 창조하여 그를 좇아 자신을 성찰하고 의미로 충만한 삶을 살도록 인도하는 것입니다. 이를 의미의 형성과 공유, 공감과 협력으로 나누어 살펴보겠습니다.

세계를 해석하는 두 가지 원리

인간이 세계를 해석하고 의미를 만들고 이를 삶의 지표로 삼아 결단하는 것에 대해 제가 창안한 이론인 화쟁기호학으로 설명을 드리겠습니다. 먼저 의미를 유추하는 두 축인 은유와 환유에 대해 말씀드리겠습니다. '별'을 보고 그와 모양이 유사한 '불가사리'가 떠오르듯, 사물의 유사성(likeness or similarity)을 통해 다른 사물을 유사한 것으로 유추하여 의미를 구성하는 것이 은유(metaphor)입니다. 또한 '축구'에서 '박지성'이 떠오르듯, 사물을 인접성(contiguity)을 통해 서로 관계 있는 것으로 유추하여 의미를 구성하는 것이 환유(metonymy)입니다. 원효의 화쟁 원리를 따라 체상용(體相用)과 은

유와 환유의 원리를 결합하여 세계의 인식과 그 의미작용을 종합할 수 있습니다. 우리는 사물과 세계의 현상, 작용, 본질을 통하여 그 사물의 세계로 들어가며 이를 은유나 환유로 유추하여 이해하고 설명합니다.

첫째는 품(相)으로, 동그란 보름달에서 '엄마 얼굴', 반달에서 '쪽배', 그믐달에서 '눈썹' 등의 의미를 떠올리듯, 사물의 드러난 모습과 현상을 보고 유사한 것으로 유추하는 것을 말합니다. 둘째는 몸(體1)으로, '달이 차고 기우는 것'에서 '영고성쇠', '사라졌는데 다시 나타남'에서 '순환, 부활, 재생' 등을 떠올리듯, 사물의 본질을 인지하고 이와 유사한 것으로 유추하는 것입니다. 셋째는 짓(用)으로, '달이 하늘과 땅 사이를 오고 감'에서 '(신과 인간, 천상계와 지상계의) 중개자, 사자(使者)' 등을 떠올리듯, 사물의 기능과 작용과 유사한 것으로 유추하는 것입니다.

여기서 중요한 것은 이런 의미작용이 모두 인간의 마음에서 비롯된 것으로 달의 진정한 의미인 참(體2)은 파악할 수 없다는 점입니다. 달에서 천 개, 만 개의 낱말을 연상해 달의 의미로 삼는다 하더라도 그것은 달이라는 세계의 실체를 극히 한 부분만 드러내는 것이며 오히려 환영이거나 왜곡이기 쉽습니다. "참"은 세계의 실체 가운데 실체라고 할 수 있는 것으로, 인간 주체가 파악할 수 없는 영원불멸한 것이며 늘지도 줄지도 않으며 시작도 끝도 없는 세계의 진정한 실체를 나타냅니다.

환유 또한 마찬가지입니다. '달-구름, 별, 천문, 추석, 밤'처럼, 부분과 전체 관계를 가지거나 공간적, 시간적으로 인접한 유추는 "품"의 환유입니다. '달이 진다'가 '시간이 흐른다'처럼 사물의 본질에 인접한 유추는 "몸"이 환유입니다. '달이 떴다'가 '날이 맑다'를 뜻하는 것처럼, 사물의 기능과 작용의 인접성에서 비롯된 것은 "깃"의 환유입니다.

몸의 은유는 철학입니다. 고대 시대의 인도 사람들은 쉼 없이 변하는 것이 자연의 실체라 생각하고 이에서 무상(無常)을 떠올렸습니다. 고대 시대의 중국 사람들은 높은 곳에는 산과 숲이 형성되고 짐승이 깃들고, 낮은 곳에는 물이 고이고 물고기가 살고, 붕어가 숲으로 나오면 질식하니 물에서만 놀고, 사슴이 물로 들어가면 익사하니 숲에서만 노는 것을 보고서 천지만물의 본질이 '높음과 낮음[序]→이에 따라 다름[別]→조화[和]'라 생각해 이것을 가정, 사회, 국가의 질서에 그대로 유사하게 유추하였습니다. 그래서 집에서는 아버지와 자식의 높고 낮음이 있으니, 아버지가 수저를 드신 뒤에 자식이 수저를 들어야 그 가정이 화목하다고 생각하였습니다. 사회에서는 지위가 낮거나 어린 사람이 지위가 높거나 나이 든 사람을 섬기고 복종해야 사회 질서가 안정을 이루며, 나라에서는 신분이 낮은 신하가 신분이 높은 임금에게 충성을 다해야 국가가 태평하고 백성이 평안하다고 생각했습니다. 이처럼 자연과 사물을 보고 그 본질을 생각하며 이에서 유사한 원리를 유추하여 스스로 철학을 만들고 이의 의미를 삶의 지표로 삼는 훈련을 합니다.

은유와 환유를 집단적으로 실천하면 의례나 문화가 됩니다. 고대 시대에 새를 솟대 위에 올리고 샤먼이나 왕이 새의 깃털을 모자에 얹은 것은 '새=천상과 지상, 신과 인간의 중개자'에서 비롯된 것입니다. 티베트에서는 독수리가 시신을 먹은 후 영혼을 하늘나라로 데려갔다고 생각하고 천장(天葬)

을 지냅니다. 제2차 세계대전 때 남태평양의 몇몇 섬에서는 사람들이 비행기를 처음으로 본 후에 비행기를 신으로 모셨습니다. 모두 독수리와 비행기가 하늘을 오고 가는 짓에서 유추한 은유입니다. 까마귀를 저승사자라고 생각한 것은 까마귀가 썩거나 죽은 사체에 많이 모인 것을 목격한 데서 빚어진 환유입니다. 이처럼 어떤 집단의 의례와 문화에 대해서도 뿌리 은유나 환유를 찾아보면 그것을 근본에서부터 이해할 수 있습니다.

의미의 이해와 공유의 교육에서 가장 좋은 것은 자연과 만나는 것입니다. 학생들과 숲으로 가서 두세 시간 동안 그냥 마음대로 자연을 몸으로 느끼게 합니다. 그러면 학생들은 계절과 시간에 따라, 자신의 몸과 지혜에 따라, 다양하게 느끼고 의미를 발견할 것입니다. 그러고 나서 자연과 우주로 넓혀 그 원리를 알려주면, 학생들은 자연과 사물의 현상, 본질, 기능을 이해하고 이에서 은유나 환유의 의미를 구성하게 됩니다.

텍스트를 통한
의미 구성의 네 과정

다음으로는 다양한 고전과 예술 텍스트를 통해 의미를 구성하게 하는 것입니다. 이는 '풀어냄, 드러냄, 아우름, 뒤집어 읽기와 쓰기'의 네 과정을 거칩니다.

첫 번째, 풀이냄은 텍스트를 읽고 어려운 글월에 대해 '해석학적 순환'을 되풀이하며 이해하는 것입니다. 자신이 가지고 있던 지식과 지혜를 바탕으로 텍스트를 해석하고, 이것과 갈등이나 괴리를 일으켜 이해가 잘 되지 않는 대목을 만나면 나의 세계와 텍스트의 세계 사이에서 대화를 합니다. 텍스트의 세계로 들어가 저자의 의도와 사상, 글의 전체 문맥을 바탕으로 부분을 전체에서 이해하고 전체를 통해 부분을 이해합니다. 그리하여 내가 잘못 이해한 부분을 수정하고 텍스트의 세계에서 이해한 진리를 수용합니다. 그 반대의 경우도 가능합니다.

두 번째 '드러냄'은 내적 구조를 분석하며 심층구조가 갖는 의미를 추출하는 것입니다. 예를 들어, 「제망매가」를 구조 분석 없이 표면적으로 읽으면 "누이의 사별에서 오는 한과 미타정토에서의 다시 만남에 대한 기대" "누이의 사별을 계기로 무상(無常)에 대한 통렬한 인식을 얻고 이를 극락정토의 왕생을 통해 영원한 삶으로 승화함" "미타정토에서의 왕생으로 삶과 죽음, 만남과 이별 등 세계와의 대립을 화해함" 등등으로 해석합니다. 하지만 내적 구조를 분석하면 이 노래는 다른 의미를 드러냅니다. 의미 분절을 했을 때 간과할 수 없는 것은 이 노래가 삼원구조(三元構造)로 구성되어 있다는 점입니다. 일상적 공간으로 분절하면 부정항은 누이가 죽어서 가고 월명사는 갈 수 없어 이별의 고통을 낳는 저승이요, 긍정항은 누이와 내가 행복을 누리고 사는 이승입니다. 양자를 매개하는 것은 이승과 저승의 사이에 존재하는 중유(中有)입니다. 불교적 관념의 세계에서 만든 관념적 공간으로 분절하면 고통의 바다인 이승이 부정항이요, 누이가 이런 고통을 끊고 해탈을 이룬 서방정토가 긍정항입니다. 이때 인간을 서방정토로 이끄는 것은 도(道)이니 매개항은 도(道)입니다. 이렇듯 일상적 공간과 관념적 공간은 서로 대립합니다. 가고 헤어지는 월명사나 누이의 행위가 부정항이라면 오고 만나는 것은 긍정항이며, 양자는 길을 통해 이루어지니 매개항은 길입니다. 비유로 사용한 나뭇잎의 경우 낙엽이 되어 떨어져 죽는 것이 부정항이라면 봄이 되어 다시 싹을 틔우는 것이 긍정항이며, 이렇게 하도록 다리를 놓는 것은 계절의 순환입니다.

삶과 죽음, 가고 옴, 만남과 이별, 이승과 저승, 이승과 서방정토 사이에 길과 도와 계절, 중유가 있어 이어주듯, 이 노래는 삶이란 단절이 아니라 즉 순환이며 양자가 'A or not-A'의 이분법적 모순율이 아니라 'A and not-A', 즉 불일불이(不一不二)의 대대적(待對的) 화쟁 관계임을 드러냅니다. 대대(待對)란 대립되는 것을 내 안에 모시는 것입니다. 우리는 어두우면 밤, 밝으면 낮이라 합니다. 하지만 그러나 실제 세계는 'A and not-A'입니다. 낮 12시라 하더라도 12시에서 0.00001초도 모자라지도 남지도 않는 극점만이 낮인 것이며, 1분만 지났다 하더라도 그만큼 밤이 들어와 있는 것이니, 하루의 모든 시간은 낮인 동시에 밤입니다. 이렇게 실제 세계는 A이거나 not-A인 것이 아니라 A인 동시에 not-A, 곧 퍼지(fuzzy)입니다. 그러니 이분법적 모순율을 벗어나 대립물을 퍼지적으로 인식하는 것이 실상을 바라보는 길의 시작입니다. 내가 팔을 펴는 것이 양, 팔을 구부리는 것이 음이라면, 양의 기운이 작용하여 팔을 펴는 순간에 구부리려는 기운이 작용합니다. 이에 팔을 최대로 펴면 다시 구부리게 됩니다. 그 반대도 마찬가지입니다. 파란 태극 문양에 빨간 동그라미가 있고, 빨간 태극 문양에 파란 동그라미가 있는 것은 이 때문입니다. 그렇듯, 이분법적 모순율을 넘어서서 음 안의 양, 양 안의 음, 내 안의 너, 너 안의 내가 자신을 드러내면서도 상대방을 드러내고 이루어지게 하는 것이 대대입니다.

이렇게 하여 「제망매가」에 대해 "만남과 이별, 삶과 죽음은 둘인 동시에 하나다. 만남이 있기에 이별이 존재한다. 그러나 언젠가 이별할 것을 알기에 사람들은 마지막처럼 상대방을 아껴주며 사랑을 불태운다. 처절하게 사랑하지 않는 자에게 이별은 없으며 이별을 전제하지 않는 사랑은 모든 것을 던지지 않는다. 이승이 있어 저승이 있고 저승이 있어서 이승이 있다. 삶이 있어 삶의 끝인 죽음이 있고, 죽음이 있기에 사람들은 언제인가 죽으리라는 유한성을 인식하고 하루하루를 의미로 채우려 한다. 죽음이 없다면 이승은 아수라장으로 변했을 것이며, 삶이 없다면 저승은 아무 의미도 빛도 없이 싸늘한 어둠 세계였을 것이다. 봄이 오면 낙엽이 떨어진 자리에서 싹이 돋고 꽃이 피듯 삼라만상은 순환한다. 낙엽이 떨어졌다고 해서 그 나무가 아주 끝났다든가 죽었다고 할 수 없는 것처럼 인간의 육체가 소진하였다고 죽었다고 할 수 없는 것이며 이별이라고는 더욱 말할 수 없는 것이다"라는 해석을 낳습니다.

세 번째로 '아우름'은 텍스트의 맥락과 자신의 삶의 맥락을 화쟁하는 것입니다. 똑같이 빈민굴에서 태어나 자랐는데 한 사람은 히틀러가 되고 한 사람은 채플린이 되었습니다. 두 사람의 운명을 가른 결정적 요인은 무엇일까요? 다른 요인도 있지만, 답은 자신이 맞은 '가난'이란 텍스트를 읽은 차이입니다. 가난의 원인을 '남에게 빼앗긴 탓'으로 읽고 남에게 복수하자고 의지를 다진 아이는 히틀러와 같은 사람이 되기 십상입니다. 그러나 우리 주변을 보면 가난하면서도 누구보다 의연하고 정의롭고 당당하게 살아가는 소년도 있습니다. 이들은 가난의 원인을 사회적 모순이나 인간과 세계의 부조리로 읽습니다. 가난을 다른 사람에게는 감추어져 있는 인간의 심연의 고통이나 의미, 부조리의 실존에 다다르는 길로, 더 나은 삶으로 나아가기 위한 통과의례쯤으로 읽습니다. 이런 아이는 채플린과 같은 사람이 됩니다.

'달을 그렸다'라는 간단한 문장의 의미도 맥락에 따라 다양합니다. 미술 시간이라는 맥락에서 이 말을 하였다면 '지구의 위성을 그림으로 그렸다'입니다. 하지만 그 아이가 시험을 보고 와서 어머니가 몇 점을 맞았느냐는 물음에 그리 답하였다면 이 말의 의미는 '0점을 맞았다'입니다. 또 언덕에 올라 남편을 기다리는 여인네의 맥락에서는 '남편을 그리워하였다'입니다. 이처럼 텍스트의 의미는 맥락에 따라 전이합니다. 맥락이 없는 문학 교육은 문학에서 삶과 현실의 구체성, 그에 깃든 정치성을 소거합니다. 문학 텍스트의 해석, 감상, 비평이 맥락을 무시한 채 이루어질 때 그것은 학생들의 삶이나 현실과 무관한 의미들의 나열에 그칩니다. 맥락을 제거한 읽기는 인간, 삶, 자신이 놓인 현실에 대한 통찰의 기회 또한 앗아갑니다.

「제망매가」를 월명사와 신라인의 맥락에서 읽은 것과 지금 자신이 발을 디디고 있는 현실에서 읽는 것을 종합하여 신라인의 죽음 의식과 왕생관에서 지금 나의 삶과 실존에 대해 생각하고, 유서를 써보며 지금 나의 죽음 의식과 내세에 대한 관점에서 신라인의 죽음 의식과 실존에 대해 생각하며 죽음과 실존에 대한 세계를 구성합니다. 톨스토이의 『부활』이나 공자의 『논어』, 붓다의 『화엄경』, 하이데거의 『존재와 시간』 등을 열 번 읽고 완전히 이해했다 하더라도 삶의 읽기가 행해지지 않으면 이에서 이해한 것들은 박제화한 지식들로 그냥 있을 뿐입니다. 고전을 열심히 읽은 지식인이나 정치인이 그 후에도 말이나 행동에 변화가 없는 것은 이 때문입니다. 아우름의 읽기가 없는 감상과 이해는 아무리 심오한 의미를 깨달았다 하더라도 기계적 읽기에 머뭅니다.

텍스트 다시 쓰기로 재구성하는 세계

마지막으로 '뒤집어 읽기와 쓰기'는 텍스트를 비판적으로, 전복적으로 읽고 다시 쓰면서 세계를 새롭게 구성하는 것입니다. 가장 적극적인 독자는 텍스트를 다시 쓰면서 세계를 새롭게 구성하는 자입니다. 텍스트는 드러내는 만큼 의미를 감춥니다. 언어도 그렇지만 텍스트는 억압하는 습성을 가집니다. 롤랑 바르트(Roland Barthes)는 『신화론』에서 "신화는 사물을 부정하지 않는다. 그것을 정화시켜 순결하게 만들고 그것에 자연적이고 영구적인 정당화(justification)를 부여한다"라고 말하였습니다. 아무리 새롭고 혁신적인 의미로 가득한 텍스트라 하더라도 대중과 사회의 흐름을 따라갈 수 없기에 언제든 낡은 의미나 이데올로기로 전락할 수 있습니다.

또, 텍스트는 사회적 맥락 속에서 수신자를 향하면서 담론으로 변하고 담론 자체가 이데올로기적 과정이기에 이를 품게 됩니다. 그러기에 텍스트의 분석은 신화와 이데올로기를 해체하는 작업을 동반해야 하며, 가장 적극적인 읽기는 해체하는 것에서 더 나아가 대항신화와 이데올로기를 만들어 텍스트를 다시 쓰며 새로운 세계를 구성하는 것입니다. 때문에 진정으로 자유롭고자 하는 이들은 텍스트를 해체하고 뒤집습니다. 그 작업을 통해 그 속에 숨어있는 이데올로기와 신화를 낱낱이 파헤치고 텍스트를 다시 씁니다. 텍스트를 다시 쓴다는 것은 세계를 다시 구성함을 의미합니다.

텍스트를 다시 쓰려면 먼저, 가치에 따라 다양하게 읽도록 합니다. 텍스트를 읽는 주체들은 세계관과 주어진 문화체계 안에서 약호(code)를 해독하여 의미작용을 일으킵니다. 주체가 자신의 취향과 입장, 이데올로기, 의식, 태도, 발신자와의 관계 등을 종합하여 어디에 더 중요한 가치를 부여하느냐에 따라 텍스트는 크게 나누어 지시적 가치, 문맥적 가치, 표현적 가치, 사회역사적 가치, 존재론적 가치를 갖습니다. '절망에 잠긴 내 눈가로 별이 반짝였다'라는 언술을 예로 들어봅시다. 지시적 가치를 지향하면 이 문장을 사전적 의미대로 해독합니다. 문맥적 가치를 지향하면 앞뒤 문맥을 살펴 '절망에 잠긴 내 눈앞 하늘에서 천체의 일종인 별, 혹은 벼랑이 반짝였다'라고 해석합니다. 표현적 가치를 지향하면 '절망에 잠긴 내 눈가로 눈물이 반짝였다'라고 해석합니다. 또한 사회역사적 가치를 더 지향하면 '절망에 잠긴 내 앞에 장군이나 별과 같은 사람이 나타났다'로 해석하고, 존재론적 가치를 더 지향하면 '절망에 잠겼던 내가 희망을 품었다'로 해석할 것입니다.

다음으로 텍스트와 담론에 담긴 신화와 이데올로기를 비판하고 다시 쓰게 합니다. 초등학교 3~4학년과 이러한 학습으로 「토끼와 거북이」 다시 쓰기를 했더니 대다수의 학생들이 거북이가 토끼를 깨우고 토끼는 이에 감동해 같이 어깨동무를 하고 들어간 이야기로 다시 구성하여 발표했습니다. 그전의 「토끼와 거북이」가 경쟁심을 부추기고 더 나아가 자본주의를 정당화하는 이데올로기를 품고 있는 담론이었다면, 후자는 이와는 정반대로 그러한 이데올로기를 비판하고 부정하는 담론을 형성합니다. 그런 후에 저는 아이들에게 "나라면 '토끼와 거북이는 각자 마을로 돌아가서 이적죄로 처형되었다'라고 한 문장을 더 보탤 것입니다"라고 말합니다. 그러면 아이들은 그동안 이 나라가 협력하여 함께 잘살자는 논리를 얼마나 불순하게 여기고 억압하였는지 가늠하게 됩니다. 「토끼와 거북이」를 어깨동무하고 가는 것으로 결말을 바꾸었거나 그런 이야기를 들은 어린이가 세상을 보는 눈은 엄청 다르리라고 봅니다.

대학생을 대상으로 문학 텍스트 다시 쓰기를 해보면 학생들이 재미있어 합니다. 향가의 전통을 계승하여 좋은 시를 써내는 학생들이 있는가 하면 삼국유사 관련 설화를 오늘의 시대의식으로 재구성하는 학생들도 있습니다. 어떤 학생들은 서동설화를 뇌물과 정략결혼을 통해 밑바닥에서 장관이나 국회의원에 오른 이로 풍자하기도 하고, 수로부인과 노옹의 설화로 원조교제를 풍자하기도 합니다. 처용설화를 일본 영화 〈우나기〉와 비슷하게 구성하는가 하면 「안민가」를 통해 독재정권을 비판하기도 합니다. 이처럼 '다시 쓰기' 작업은 텍스트를 단순히 변경하는 것이 아니라 텍스트의 신화에 조작되던 대상이 주체로 서서 세계를 다시 구성하는 것입니다. 이제 문학과 예술 텍스트 읽기는 다시 쓰기를 포함하는 읽기가 되어야 합니다. 그럴 때 그 텍스트에 담긴 지혜와 가치는 '바로 우리 머리 위에서 더 나은 세상에 이를 때까지' 맑고 환한 별로 반짝입니다.

공감과 협력을 가르치는 교육

이제 공감과 협력 교육에 대해 살펴보겠습니다. 저는 거울신경세포체제를 통한 공감과 연대가 의미를 올바로 해석하고 결단하는 주체가 동일성을 해체하고 타자에 공감하고 연대하는 타자성, 혹은 상호 주체성을 추구하는 눈부처-주체로 거듭나게 할 수 있다고 생각합니다.

공감한다는 것은 타인의 삶을 내 것처럼 이해하고 인정하고 수용하는 것입니다. 공감이란 타인의 아픔과 고통, 더 나아가 그의 기억의 주름들과 그 주름에 새겨진 흔적과 상처를 이해하고 끌어안는 것입니다. 공감이란 타인이 나만큼이나 미숙하고 불완전하며, 부조리한 세계의 횡포로 비극을 겪고 있음을 이해하고 함께 아파하는 것입니다. 그 아픔 속에서 유한하고 무상한 인간의 본질, 세계의 부조리, 세계와 자아의 관계를 성찰하기에 지극히 실존적인 행위입니다. 너와 내가 모두 무상하다는 자각에서 오는 슬픔으로 그의 상처를 치유하여 나를 완성하는 자유 행위입니다. 레비나스가 『타자를 생각하기에 관하여』에서 말한 대로, 우리는 타자의 얼굴에서 신을 봅니다. 그러기에 우리는 타자로 말미암아 나를 깨닫고, 타자를 책임지며 윤리를 실천하고, 타자를 통해 무한으로 초월합니다.

눈부처처럼, 우리가 타자로 설정한 자에게 내가 담겨 있으며, 내 안에 타자가 담겨 있습니다. 찰나의 순간에도 나와 타자는 서로 조건이 되고 상호작용을 하면서 동시에 일어나고 동시에 서로에게 스며들고 동시에 서로를 포섭하고 차별 없이 서로 하나가 됩니다. 이 구조 속에서 중생이 아프면 내가 아프고, 타자가 고통 속에 있으면 나 또한 괴롭습니다. 이 고통을 없애고 내가 자유롭게 되는 방법은 하나입니다. 동일성의 패러다임으로 자성(自性)을 내세우고 타자를 설정하는 모든 논리를 혁파하며, 눈부처-주체로서 연기를 깨달아 타자로 간주한 모든 이가 바로 나와 깊은 연관을 갖는 또 다른 나임을 인식하고 욕망을 자발적으로 절제하고 상생을 도모하고 동체대비의 자비행을 실천하는 일입니다. 공포에 맞서고 유혹에도 흔들리지 않으며 진정으로 소외를 극복하려면, 대중은 '눈부처-주체'로 거듭나야 합니다. 눈부처-주체는 동일성의 사유를 뛰어넘어 타자 속에서 불성(佛性)을 발견하여 그를 부처로 만들고, 그를 자유롭게 하여 자신의 자유를 완성하는 자입니다.

이를 구체화한 교육은 공감의 뿌리 교육입니다. 캐나다의 교육자 메리 고든(Mary Gordon)은 1996년부터 '공감의 뿌리(roots of empathy)' 교육 프로그램을 진행했습니다. 유치원에 갓난아기를 데려와서 유치원 원아들이 9개월 동안 교감하면서 자신의 공감 능력을 향상시켰습니다. 예를 들어 갓

난아기가 우유를 먹으러 가다가 넘어지면 아이들의 마음이 같이 아파지는 체험을 합니다. 이렇게 한 결과 원아들의 공감 능력이 향상되었고 교실은 돌봄의 공동체가 되었습니다. 메리 고든이 공감의 뿌리 교육을 통해 내린 결론은 "감정을 표현하는 능력, 다른 사람의 입장을 이해하는 능력, 다른 사람의 감정 표현에 공감하는 능력은 인간관계를 맺는 데 기본적인 요소"이며 "이런 능력은 학습할 수 있고 개발할 수 있다"는 것이었습니다.

2000~2001년에 밴쿠버에서 1학년~3학년까지 초등학교 저학년 10개 교실에서 학생 132명을 평가한 결과, 공감의 뿌리 교육 프로그램을 실시한 집단에서는 적극적 공격 성향을 보이던 아동의 88%가 사후 검사에서 적극적 공격 성향이 줄어든 반면, 비교집단에서는 9%만 줄어들었습니다. 게다가 비교집단의 50%는 사전 검사와 사후 검사에서 적극적 공격 성향이 증가했습니다. 더 나아가 연약한 여자아이가 다른 아이의 모자를 빼앗은 남자아이에 맞서서 당당하게 모자를 돌려주라고 말했습니다. 모자를 빼앗긴 아이의 아픔이 자신의 아픔으로 느껴졌기 때문입니다. 백기완 선생이나 수경 스님처럼 목숨을 걸고 약자를 위해 투쟁하는 분들을 보면 다른 것은 보통 사람들과 유사한데 공감 능력만큼은 월등히 뛰어납니다. 정의를 향한 위인들의 강한 용기도 실은 약자의 고통을 자신의 것처럼 아파하는 공감에서 비롯됩니다.

다음으로는 예술 텍스트를 이성의 차원이 아니라 감성의 차원에서 느끼는 것입니다. 내용과 메시지가 아니라 형식, 기법, 장치, 스타일이 가슴 속이 미저 간수성이 현을 당기는 대로 느끼고, 문학과 예술 텍스트 가운데 감각적 묘사, 인물의 즐거움이나 슬픔에 대한 묘사, 희로애락에 대한 표현을 보며 스스로 느끼고 토론하며 그 정서를 공유합니다. 시를 그림으로 표현하고 그림을 시로 그리게 합니다. 음악을 들으며 그것을 그림으로 그리게 하고 그 반대로도 해봅니다.

무엇보다 좋은 교육은 현장으로 가서 직접 공감하는 것입니다. 광화문 세월호 광장이나 단원고의 분향소, 수해나 가뭄 피해 현장, 지진 등 참사 현장으로 가서 살아남은 자들과 함께 밤새워 대화하고 도우면서, 말로 표현할 수 없는 지극한 고통에 한 자락이라도 다가가도록 노력하는 것입니다.

숲속 생명체 흉내 내기도 공감 능력을 고양합니다. 숲을 체험하고 난 후, 숲을 닮기, 야생화 표현하기, 새 소리, 바람 소리, 물소리, 산 짐승 울음소리 흉내 내기 등을 하라고 하면 학생들은 숲에서 자연의 생명이 잠자는 영혼과 감각을 깨우는 소리를 듣습니다.

생명을 살로 느끼고 생명살림을 체험하는 것 또한 아주 좋은 교육입니다. 아기나 뭇 생명의 탄생을 지켜보고, 병아리와 같은 작은 생명들의 심장이 뛰는 소리를 귀로 듣고 따스한 온기를 손과 볼로 느껴봅니다. 연어가 여울을 헤치고 올라와 알을 낳고 모든 기력이 다하여 죽어가는 모습을 목격하고, 실제 생명들을 키워보고, 강가와 바닷가, 숲속을 거닐며 무수한 생명을 만나 대화를 합니다. 이러는 가운데 자연스레 생명의 탄생, 원리, 진화, 윤리에 대해 알려주고 대화합니다.

협력으로는 먼저 취미나 호기심에 따라 다양한 또래집단을 만들어 스스로 사회의 원리와 사회성을 터득하게 합니다. 이 과정에서 인류의 역사와 진화, 세계사, 사회학, 경제학, 인간의 본성, 심리학과 정신분석학, 몸의 역사, 공동체의 원리와 역사, 윤리 등에 대해 알려주고 대화합니다.

협력을 도모하는 학습으로 전통놀이와 전통예술을 실제로 체험하는 것도 좋은 방안입니다. 비석치기, 오징어가위생 등 전통놀이는 공동체적 가치와 협력적 유대와 실천을 바탕으로 하기에 이들 놀이나 예술에 실제로 참여하거나 공연을 하면 타인과 협력하는 것을 몸으로 받아들이게 됩니다. 연대에 초점을 맞출 경우 서양의 스포츠도 달라집니다. 원주민에게 선교사들이 축구를 가르쳤더니 그들은 비길 때까지 했다고 합니다. 골을 넣고 이기는 것보다 패스와 어시스트, 협력 수비를 하며 협동하는 것을 더 중시하고, 경쟁과 승리에서 연대와 협력으로 목표를 전환하면 체육활동 또한 그 목표대로 지덕체(智德體)를 겸비한 인간으로 양육하는 장이 될 것입니다.

협력을 기르기에 가장 좋은 교육은 공동 노동입니다. 텃밭 가꾸기, 자기 책꽂이 등 가구 만들기, 집짓기, 공동으로 보리농사와 논농사 짓기 등을 통해 노동이 새로운 가치를 생산하면서 자기 본성도 창조하는 진정한 자기실현이자 타자의 자유를 확대하는 정의를 구현하는 일임을 몸으로 느끼고, 노동론, 노동의 역사, 노동과 소외에 대한 지혜를 알려주고 대화합니다.

공감의 뿌리 교육에서 확인한 것처럼 인간은 공감을 통해 다른 사람을 자신 안에 비추어보고, 그의 의도와 느낌을 감지할 수 있습니다. 사회적으로 공명을 할 때 고통을 이기는 물질이 분비된다는 것은 공감의 대가로 고통을 해소하는 보상 체계가 이미 오래전에 인간의 몸이 되었을 뜻합니다. 그러니 요아힘 바우어(Joachim Bauer)가 『공감의 심리학』에서 말한 대로 "삶의 비밀이란 생존이 아니라 거울 공명하는 타인을 만나는 것"입니다.

붓다의 자비심과 맹자의 측은지심(惻隱之心), 예수님의 박애의 원천 또한 타자의 고통에 대한 공감이며, 이는 거울신경체제가 뇌 속에서 활성화하면서 발생합니다. 그를 바탕으로 전두엽과 대뇌피질이 이성적으로 사고하고, 이를 모아 한 인간이 자기 앞의 세계를 올바로 해석하고 더 인간적이고 거룩한 의미를 지향하며 결단할 때 실천으로 나타납니다. 죽고 사라져가는 생명들의 아픔에 공감할 때 내 몸 안에 자리하던 불성(佛性)이 드러나기 시작합니다. 한 사람, 한 사람의 공감을 바탕으로 연대를 맺고 실천하는 그 자리에 바로 예수님과 부처님이 계십니다.

세월호에서 억울하게 죽은 아이들이 남은 동무들에게는 제발 다른 꿈, 다른 교실, 다른 대한민국을 보여주라고 절규하는 소리가 들립니다. 인공지능 시대를 맞아 사람이 하던 것 가운데 많은 영역을 이제 이를 탑재한 컴퓨터, 로봇 등의 기계가 할 것입니다. 아니, 기계가 자기복제, 물질대사, 자기결정, 외부와 상호작용을 통한 적응, 발전, 진화 등 생명의 고유 특성을 수행할 것입니다.

이제 교육은 혁신적으로 달라져야 합니다. 인공지능도 할 수 없는 창조와 공감에서 더 의미를 찾고 이를 다음 세대로 전하며 문명의 발전을 이끌어야 합니다. 눈부처 교육을 통하여 만인이 만인과 투쟁하면서 소외와 불안과 고독과 과로로 시달리는 이 사회를 바꾸어야 합니다. 새로운 교육으로 소시민들이 공감하고 연대하는 주체로 거듭나지 않는다면 지금처럼 탐욕과 부패와 부조리로 넘쳐나는 '헬조선'이 이어질 것이고, 인공지능 기계에 인간이 지배되고 통제되는 사회마저 도래할지도 모릅니다.

　더 늦기 전에 결단하여 짐승과 구분되고 인공지능과도 다른 인간만의 특성과 본성을 되찾아야 합니다. 이제 자기 앞의 세계를 바르게 해석하고 존재의 의미를 성찰하며 올바른 의미를 지향한 실천을 하고, 타자의 고통에 공감하여 연대하는 눈부처-주체로 거듭난 시민들이 나서야 합니다. 폭력과 자살이 난무하는 기업연수원을 우정과 인간애가 넘치는 학교로, 헬조선을 국민 모두가 행복한 정의롭고 평화로운 생태 복지국가 대한민국으로 변혁해야 합니다.

Q & A
미니 인터뷰

사람들이 타자의 고통에 공감할 수 있다면, 집단학살 같은 끔찍한 폭력을 없애고 평화를 실현할 수 있을까요?

인간에게는 침팬지 이전부터 유전적으로 계승해온 폭력성이 내재합니다. 하지만, 인간은 이성을 발달시키며 폭력과 공격성을 조절하고 통제해왔고, 타자의 고통에 공감하며 폭력을 자비와 사랑으로 전환하였습니다. 공감의 뿌리 교육을 실시한 교실에서는 공격적 성향이 90% 가까이 줄어들어 이를 확인할 수 있었습니다.

저는 '세 명이 공감하고 연대하면 세상을 바꿀 수 있다'고 생각합니다. 2008년 4월 서울 강남역 인근의 도로 횡단보도에서 한 명이나 두 명의 남자가 서서 하늘에 무언가 있는 것처럼 손짓을 하니 사람들이 그냥 지나쳤지만, 3명이 쳐다보자 상황이 바뀌었습니다. 사람들이 하나둘씩 발길을 멈추더니 결국 교통이 마비될 정도로 수많은 사람들이 함께 하늘을 올려다보았습니다. 이처럼 3명이면 상황을 변화시킬 전환점이 생깁니다. 실제로 2005년 10월 17일 지하철 5호선 천호역에서 사람이 전동차에 끼는 사고가 발생했을 때에도, 두세 명이 급히 나서자 주변 시민이 모여들어 33톤의 차량을 밀어내고 사람을 구했습니다.

20대 여인이 아파트 입구에서 35분 동안이나 칼에 찔리는 참변을 당하는데 이 현장을 목격한 38명 중 단 한 명도 경찰에 신고하지 않고 침묵했다고 알려진 키티 제노비스 사건을 반대의 사례로 제시하는 분들도 있을 것입니다. 이 사건은 참혹한 현장을 목격한 사람들이 공감이 없어서 그랬던 게 아니라 책임이 분산되어 누군가 신고하겠거니 하며 미루었기 때문인 것으로 드러났습니다. 무엇보다도 실제로는 목격자가 6명뿐이었고 그중 두 사람이 신고를 했으며 최후까지 곁을 지킨 사람이 있었음에도 〈뉴욕타임즈〉가 왜곡 보도한 것임이 밝혀졌습니다.

이처럼 상황에 종속되어 있는 게 인간이지만, 동시에 소수가 전체 상황을 바꿀 수도 있는 능동적인 행위자들이기도 하며, 그 출발은 '공감'입니다. 저는 스탠리 밀그램 실험에서도 만약 피험자들이 같은 시간 같은 방에 있고 거기서 세 명이 타자의 고통에 공감하며 거부할 의사를 표출하고, 이를 다른 피험자들도 볼 수 있었다면 그처럼 권위에 복종하는 일은 없었을 것이라고 확신합니다. 이들 사례처럼, 폭력배를 타자로 삼아 조사하고 구속하는 한 폭력이 끊이지 않지만 그들의 고통에 공감하고 지역사회의 '우리'로 끌어들인 이후 마을에 진정한 평화가 온 사례는 많습니다.

Part. 6

생명을 살리는
언어의 회복은 가능한가?

박
/
수
/
밀

생태적 위기는 글쓰기라고 예외가 아닙니다. 오늘의 글쓰기는 감정적이고 파괴적이며, 흑백 논리에 갇혀 있습니다. 삭막해져가는 인간의 마음을 따라 글쓰기도 도구적이고 기능적으로 변해갑니다. 인간의 마음을 치유하고 생명을 살리는 언어의 회복이 시급합니다. 이럴 때 생태 글쓰기는 좋은 대안이 될 수 있습니다.

우리는 지금
어디로 가고 있는가

　불과 이삼십 년 전만 해도 우리들 고향에는 푸른 하늘과 맑은 바람이 있었습니다. 신작로에선 버스가 흙먼지를 날리며 달려갔습니다. 앞 강물엔 모래무지가 헤엄쳐 다니고 뒷산엔 사슴벌레가 살았습니다. 사람들은 어느 곳이든 다른 생명체와 어울려 살았습니다.
　그러나 지금 시멘트 바닥이 된 도로에는 자동차들이 매연을 내뿜고 페놀 섞인 개울에는 검은 기름이 떠다닙니다. 모래무지 대신 굴착기가, 사슴벌레 대신 아파트가 들어서 있습니다. 하늘은 황사 먼지로, 흙냄새는 플라스틱 썩는 냄새로 바뀌었습니다. 사람들은 편리함을 얻은 대신 생태계를 잃어버리고 있습니다. 이제 생태계 문제는 인류 문명의 위기라는 거대한 구호이기 이전에 지금 여기 삶의 터전에서 살아가는 나의 문제이자 삶의 문제가 되었습니다.

　우리는 지금 어디로 가고 있는 걸까요? 오늘날, 모든 생명체에게 삶의 기반이 되는 땅은 악취와 오염으로 가득합니다. 생명체의 공유지를 인간의 사유지로 만들어 다른 생명체를 죄다 쫓아낸 인간은 그 속에서 땅 투기를 하고 높은 빌딩을 세우느라 여념이 없습니다. 그로 인해 땅뿐만 아니라, 인간의 마음도 깊이 병들어 가고 있습니다. 이렇게 기계를 앞세우며 무한 경쟁을 향해 앞만 보고 달려가다 정작 소중한 것들을 잃고 있는 것은 아닌가 싶습니다.

　아파트를 '그린 아파트'라 이름 짓고 컴퓨터를 '그린 컴퓨터'로 만든다고 해서 생태계 문제가 해결되는 것은 아닙니다. 물론 인간 중심의 환경 차원에서도 운동이 필요하지만 그에 앞서 인간의 생각을 바꾸지 않는 한, 기술적인 노력들은 생태계 위기를 근본적으로 막지 못합니다. 생태계 위기를 극복해가는 데 인문학과 교육의 역할이 중요한 이유가 여기에 있습니다. 이제는 나 중심, 인간 중심의 생각에서 벗어나 타인과 공존하고 자연과 인간이 상생하는 지혜를 모아가는 일이 필요합니다. 그것은 생각의 지평을 나 중심, 인간 중심에서 타인과 자연으로 확대해가는 것이기도 합니다. 더불어 인간이 살아가는 곳은 차가운 콘크리트가 아닌 수많은 생명체가 살아가는 흙임을 자각하는 것입니다. 이를테면 아름다운 휴머니즘을 말하는 '사람이 꽃보다 아름다워'라는 노랫말을 '사람이 꽃만큼 아름다워'라는 패러다임으로 바꾸어갈 필요가 있습니다.

'생태'와 '자연'은 뜻이 다르다

　인간의 사고방식이나 가치관은 말로 드러나고 글로 표현됩니다. 황폐해진 인간의 마음은 글쓰기에서도 잘 나타납니다. 지금의 글쓰기 현실을 들여다볼까요? 오늘날에는 글쓰기 지평이 계속 확장되고 있으며 특히 인터넷상에는 온갖 종류의 글쓰기 형태가 넘칩니다. 그런데 인터넷의 부정적 측면인 폭력과 선정성, 자극성은 생명 존엄과 인간 가치를 훼손하고 이는 곧바로 글쓰기에 연결됩니다. 오프라인 쪽도 사정은 마찬가지여서 자극적이고 폭력적인 언어들이 너무도 많습니다. 감정적인 비방을 일삼는 글쓰기, 흑백논리에 빠진 글쓰기, 표절과 단순 모방의 글쓰기는 오늘날 흔히 발견되는 글의 맨얼굴입니다. 말과 글은 조악하고 거칠기만 합니다. 인간의 마음이 파괴되고 있음을 반영하는 것이겠지요. 생태 글쓰기에 주목하는 이유가 여기에 있습니다. 생태적 글을 읽고 생태적 글쓰기를 수행함으로써 인간의 영혼을 순화시키는 생태 교육에 기여할 수 있지 않을까 하는 생각이 드는 것입니다.

　저는 고전문학자입니다. 고전문학을 공부할 때에도 글쓰기에 관심을 가지고 살펴보던 중에 특별한 점을 발견했습니다. 우리 고전문학사에서 특별한 위상을 갖는 문장가들, 예컨대 박지원, 이덕무, 이옥, 이규보 등의 글에는 윤리와 도덕을 이야기하는 여느 작품들과 달리 사물을 중심 제재로 하면서 존재의 평등, 공존의 가치를 들려주는 내용들이 있었습니다. 그러한 글들은 생태적 정신을 드러내고 있었으며, 이전의 관습적인 생각이나 상투적인 표현을 거부하는 전략의 언어를 쓰고 있었습니다. 그리하여 저는 이와 같이 생태적 사고를 보여주는 글쓰기를 '생태 글쓰기(Ecological Writing)'라 명명하고 생태 글쓰기의 이론적 근거를 만들기 위한 작업을 진행하게 되었습니다.

그런데 고전 시대에는 온통 자연으로 둘러싸여 있어서 대부분 문학이 자연 사물을 소재로 삼고 있을 텐데 '생태 글쓰기'가 어떤 변별력을 갖겠느냐는 의문이 들 수 있겠습니다. 실제로 고전 시대 많은 문인들의 글에는 자연을 가까이하는 내용이 풍부하게 담겨 있습니다. 특히나 고전 시가는 기본적으로 자연 친화의 시각을 보여줍니다. 물아일체(物我一體)로서의 자연은 고전 시가에서 가장 흔한 주제입니다. 강호가도(江湖歌道)를 노래하는 시조들은 자연의 아름다움을 찬양하고 자연을 가까이하자고 말합니다. '인간을 바라보니 멀수록 더욱 좋다'거나 '잔 들고 혼자 앉아 먼 뫼를 바라보니 말씀도 웃음도 아녀도 못내 좋아 하노라'라고 하던 윤선도의 시조는 물아일체의 자연관을 잘 보여줍니다.

하지만 생태 글쓰기는 단순히 자연 사물을 소재로 삼는 글쓰기가 아닙니다. 보통 생태라는 말을 자연과 비슷하게 생각하지만 자연과 생태는 많이 다릅니다. 고전적 의미에서 자연의 의미는 크게 둘로 나눌 수 있습니다. 하나는 인위적인 것과 상대적인 의미로 흔히 노장사상(老莊思想)에서 이야기하는 무위자연(無爲自然)에서의 자연입니다. 이때의 자연은 '저절로 그렇게 됨'을 의미합니다. 또 하나의 뜻은 산수자연(山水自然)으로서의 자연입니다. 고전 시대 많은 고전문학은 자연을 드러내고 자연과의 관계를 이야기합니다. 자연을 소재로 삼아 자연의 아름다움이나 전원생활의 흥취, 자연에 대한 애호를 담은 작품을 '자연시'라고 하여 그 특성을 밝힌 논의들도 많습니다. '생태'라는 말을 이러한 자연과 비슷한 뜻으로 이해할 경우, 생태 글쓰기 역시 추상적인 개념이 되고 말 뿐입니다.

'생태'라는 개념은 단순히 산수(山水) 자연이나 자연 사물을 의미하지 않습니다. 생태 또는 생태학은 인간을 포함한 지구 환경이 서로 긴밀하게 연결되어 있다고 보고 인간과 인간을 둘러싼 환경의 상호 관련성을 탐구하는 것입니다. 생태 시각의 본질은 인간을 포함한 존재들의 평등과 공존에 있습니다. 따라서 인간 중심의 입장에서 자연을 바라보는 환경이란 뜻과도 구별됩니다.

이러한 관점에서 생태 글쓰기란 모든 존재는 근본적으로는 동등하다는 생각을 바탕으로 상생과 공존 혹은 자각과 반성의 시각을 열어주는 글쓰기입니다. 그렇다면 왜 생태 문학 혹은 생태 사상이라고 하지 않고 생태 글쓰기라고 이름 지으려는 것일까요? 생태 글쓰기가 단지 내용적인 면에서 생태 사상만을 이야기하는 것이 아니라 작법으로서의 글쓰기 차원까지 포함하기 때문입니다. 제가 사용하는 생태 글쓰기는 작법 차원만이 아닌, 내용과 형식을 아우르는 개념입니다. 생태 글쓰기를 수행하기까지에는 사물과 교감하여 얻은 깨달음을 표현하기까지, 작가의 심리적 과정이 있습니다. 곧 생태 글쓰기에는 생태적 사고와 아울러 주제를 작품에 담아내기까지의 글쓰기 과정을 포함합니다. 생태 글쓰기는 작가와 사물이 관계 맺는 양상이 중요합니다. 사물이 인간의 도덕을 드러내는 수단이 되지 않고 인간과 '관계 맺는' 존재가 되며 그것이 나와 현실에 의미 있는 생태적 깨달음을 줍니다. 생태 글쓰기에 대한 탐구는 사물에 대한 발견이 어디로 향해 가는지 살피는 작업이며, 사물과 현실을 어떤 태도와 방식으로 접근하고 있는지 들여다보는 것입니다.

벌레의 더듬이에 관심을 지녀야
문장의 정신을 얻는다

생태 글쓰기를 수행하는 작가들은 기존의 문자와 지식이 진실을 전달해주지 못한다고 생각합니다. 대표적인 생태 글쓰기 작가인 연암의 생각을 들여다보겠습니다.

> 마을의 어린애에게 천자문을 가르치다가 읽기 싫어하기에 꾸짖었더니, 그 애가 말합디다. "하늘은 푸르고 푸른데 하늘 천(天) 자는 푸르지가 않아요. 그래서 읽기 싫어요." 이 아이의 총명함이 창힐을 굶어 죽이겠소.
> ― 박지원, 「답창애(答蒼厓)」 3

『천자문(千字文)』은 하늘 천(天), 땅 지(地), 검을 현(玄), 누를 황(黃)으로 시작합니다. 하늘은 검고 땅은 누르다는 뜻이죠. 그런데 한 맹랑한 꼬마 아이가 하늘은 푸르기만 한데 왜 검다고 가르치느냐며 읽기를 거부하더라는 것입니다.

『천자문』은 중세 시대 지식의 입문서 역할을 했던 교재입니다. 이 책은 한자문화권의 아이들이 처음에 꼭 배워야 하는 일종의 필수 교과서였습니다. 『천자문』에 실린 내용은 도덕 윤리를 비롯해 역사, 정치, 지리, 자연에 이르기까지 인간사 모든 분야를 망라하고 있어서 조선시대 아동들의 사고 형성에 막대한 영향을 끼쳤습니다.

사실 『천자문』은 본래 아동용 교재로 만든 것이 아닙니다. 또 그 내용은 중국의 역사와 문화에 대한 것이라서 우리에게 적합한 교재라고 하기도 어려웠습니다. 하지만 사람들은 『천자문』을 지식의 기준, 필수 기초 지식으로 받아들이고 그 내용을 암송하며 외웠습니다. 정약용(丁若鏞)은 『천자문』이 일정한 논리와 체계가 없을 뿐만 아니라 어려운 글자가 많아서 어린이에게 적합하지 않은 교재라고 비판하기도 했습니다. 최세진(崔世珍)은 『천자문』이 어린이 교재로는 적당하지 않다고 여겨 『훈몽자회(訓蒙字會)』를 편찬하기도 했지요.

그런데 연암은 『천자문』의 구성을 비판하는 데 그치지 않고 『천자문』이 담고 있는 지식의 내용을 부정합니다. 중세기에 문자가 실제를 은폐한다고 비판하는 발언은 연암 외에 달리 찾아볼 길이 없습니다. 연암은 지식을 담고 있는 기호 문자가 진실을 온전히 담고 있지 못한다고 생각합니다. 오히려 기존의 지식이 고정관념과 선입견을 심어주어 진실을 가리는 경우가 많다고 주장합니다. 그리하여 지식을 갖춘 최고의 도덕적 인간이라 할 독서

군자를 비판하기도 합니다. 「호질(虎叱)」의 북곽 선생이 그러한 예입니다. 북곽 선생은 손수 교정한 책이 만권이고 사서오경의 뜻을 풀어서 다시 지은 책이 일만오천 권이나 되는, 이상적인 선비의 전형입니다. 그러나 북곽 선생은 딴짓을 하는 위선적인 군자였으며 그가 외운 경전의 구절들은 자신의 위선을 합리화하는 데 이용될 뿐입니다. 「옥갑야화(玉匣夜話)」에서 허생은 무인도에 들어가 자신의 이상(理想)을 실험한 뒤, 글을 아는 사람들을 모두 배에 싣고 나오며 "이 섬에 화근을 없애려 한다"라고 말합니다. 글을 아는 사람들을 화(禍)의 뿌리로 생각하고 있습니다.

연암은 기존의 문자와 지식이 실상을 은폐하고 있다고 생각합니다. 그는 문자가 사물과 현실의 실제를 제대로 담아내지 못하고 있다고 봅니다. 그런 까닭에 연암에게, 사람들이 책을 읽는 행위란 "마른 먹과 썩은 종이 사이를 흐리멍덩하게 보면서 좀의 오줌과 쥐똥을 주워 모으는" 한심한 행위일 뿐입니다.

문자와 지식이 병들었다는 진단은 그에게 어떻게 해야 글에 진실을 담을 수 있을지를 고민하게 합니다. 다시 연암의 생각을 들여다보겠습니다.

> 벌레의 더듬이와 꽃술에 관심이 없는 자는 도무지 문장의 정신[文心]이 없는 것이고 일상 사물의 형상을 음미하지 못하는 자는 한 글자도 모른다고 해도 상관없다.
>
> — 박지원, 「종북소선자서(鍾北小選自序)」

문심(文心)은 문장가가 글을 쓸 때의 마음 작용으로서 글을 짓는 원리이기도 합니다. 연암은 벌레의 더듬이와 꽃술을 관찰하지 못하면 문장을 짓는 원리를 알지 못한다고 합니다. 벌레는 흔히 '벌레만도 못한 놈'이라는 표현을 쓰는 데서도 알 수 있듯 관찰의 대상이 아니라 내쫓아야 할 버러지입니다. 벌레는 가장 쓸모없는 존재, 미미한 생명체를 의미합니다. 인간은 자신이 싫어하는 것, 해가 되는 존재에 대해 관심을 갖지 않습니다. 아니, 혐오하고, 쫓아냅니다. 하지만 연암은 문심을 얻기 위해선 벌레의 더듬이에 관심을 지녀야 한다고 말합니다. 벌레의 더듬이는 일종의 감각기관으로 곤충에게 가장 중요한 기관입니다. 방향이나 위치를 파악하기도 하고, 촉각을 느끼며 의사소통까지 합니다. 곧 연암은 우리가 혐오하는 것들, 하찮다고 무시하는 존재들을 자세히 보고 살필 수 있어야 한다고 말하는 것입니다. 벌레를 이야기하는 연암의 의도는 가장 하찮은 존재를 새로운 시각으로 바라보자는 데 있습니다.

꽃은 아름다움을 상징하는 사물이라는 점에서 얼핏 벌레와는 대척점에 있는 사물로 보입니다. 사람들은 꽃을 가까이하고 좋아합니다. 그러나 고전 시대에 꽃을 감상한다는 것은 윤리적인 차원에서 이해해야 합니다. 성리학은 사물에 탐닉하지 말라고 가르칩니다. 이른바 완물상지(玩物喪志)를 경계했습니다. 꽃은 미적인 사물이기에 완물상지의 위험이 있었습니다. 그리하여 조선조 유학자들은 꽃의 향기나 자태에서 인간의 덕목을 찾았습니다. 꽃을 감상하는 것은 단순한 아름다움을 즐기는 행위가 아니라 심성을 넓히고 덕을 기르는 행위였습니다. 꽃의 이치를 발견하고 여기에 윤리나 교훈을 담아 인간의 덕목과 일치시켰습니다. 이른바 사군자(四君子)가 그 좋은 예입니다. 이렇게 꽃의 감상이 유학의 내면 수양 차원에서 이루어짐으로써 가장 미적인 사물이 윤리적으로 이해되었습니다.

그런데 꽃의 향기가 아닌 꽃술에 관심을 가지라는 것은 꽃을 윤리적으로 보지 말고 꽃의 생태 자체에 관심을 가지라는 요청으로 들립니다. 꽃술은 꽃의 생식기로서 생명을 잉태하는 자궁에 해당합니다. 나비나 벌 등이 꽃술의 꽃가루를 옮겨 열매를 맺게 합니다. 꽃의 가장 중요한 기관으로서 꽃의 진정한 아름다움은 꽃술에 있습니다. 꽃술은 꽃을 가장 미적으로 바라보도록 하는 기관입니다.

그렇다면 벌레의 더듬이와 꽃의 꽃술에 관심을 가질 때 비로소 문장의 정신을 얻게 된다는 연암의 발언이 갖는 의미를 생각해 볼까요? 글쓰기의 기본은 가장 보잘것없는 존재를 새롭게 인식하고 꼼꼼하게 관찰하는 데서 출발한다는 것입니다. 연암은 별 가치 없는 사물에 진실이 깃들어 있다고 생각합니다. 지극히 미미한 사물들, 예컨대 풀, 꽃, 새, 벌레 같은 존재들도 모두 저마다 이치를 갖고 있으며, 하늘의 현묘함이 있다고 말합니다. 다음으로는, 인간의 욕망이나 도덕을 위한 도구로 사물을 바라보지 말고 그 자체로 바라보라는 것입니다.

조선은 성리학의 나라입니다. 전통 성리학에서는 인간을 만물의 영장으로 봅니다. 인간 이외의 존재는 막힌 기운을 타고났으므로 윤리를 실천할 수 없다고 봅니다. 어떤 사물에 대해 '아름답다'고 말하는 것은 도덕적으로 아름다운 것입니다. 그러나 연암은 사물의 독자적인 아름다움에 주목하고 사물의 생태를 잘 관찰해야 한다고 말합니다. 연암은 사물의 형상을 음미하지 못한다면 한 글자도 모르는 자라고 말합니다. 음미한다는 것은 피상적이고 관습적으로 보지 않고 세밀하게 보는 것입니다. 글쓰기의 시작이 일상 사물에 대한 세밀한 관찰에서 출발한다고 봅니다. 곧 연암은 우리가 거들떠보지 않던 사물의 생태를 심미적으로 관찰하고 의미를 발견할 때 문장의 정신을 얻을 수 있다고 말합니다.

실제로 연암의 문장에서 이채를 발하는 글, 묘한 비유로 전개하는 글들은 자연 사물로부터 새로운 생각을 전해줍니다. 그가 소재로 삼은 사물은 보잘것없고 미미한 존재들입니다. 그 내용을 살피면 존재의 다양성, 상생과 공생, 상대주의 태도를 드러냅니다. 곧 연암은 생태적 사고에 바탕을 두어 사물을 새롭게 인식하고 인간과 세계에 대한 성찰과 반성을 이끌어냅니다. 이처럼 생태적 사고를 기반으로 사물을 개체로 바라보고 이로부터 새로운 인식의 전환을 이끌어내는 방식은 매우 특별한 글쓰기라 할 수 있습니다.

그렇다면, 사물로부터 생태적 성찰을 이끌어내는 글쓰기 방식은 연암만의 글쓰기 태도일까요? 고전의 작가들은 기본적으로 자연 사물과의 관계를 바탕으로 글을 쓰는 경우가 많습니다. 고전 시대에 자연 사물을 작품의 소재나 제재로 삼는 것은 특별할 것이 없습니다. 그렇기는 하나 사물을 인간의 도덕이나 욕망을 위한 수단이 아니라 인간과 관계를 맺는 소중한 존재로 생각하여, 사물을 배움 혹은 깨달음의 대상으로 삼아 성찰을 이끌어내는 글쓰기를 수행하는 작가는 흔치 않습니다.

흔히 자연 친화니 물아일체(物我一體)니 하는 경우, 자연과 사물은 인간의 도덕을 드러내거나 내면을 정화하는 수단으로서 기능합니다. 자연 사물은 늘 인간의 내면과 연관되어 있습니다. 유학자들에게 자연은 질서와 조화의 공간이며, 그 질서와 조화를 통해 인간의 내면이 정화되고 자연과 합일되는 체험을 합니다.

그러나 생태 글쓰기 작가들에게 자연 사물은 창조와 변화의 공간이자 생의(生意)의 장(場)입니다. 생의(生意)란 각자 살아가는 뜻이 있다는 의미입니다. 이들은 사물을 관념의 대상으로 바라보지 않고 새로운 깨달음을 주는 존재, 인간과 동등하게 존중받아야 할 존재로 생각합니다. 하찮게 여겨지는 것들이 오히려 더 의미 있다고 여깁니다. 사물에서 얻은 깨달음이 인간을 변화시킨다고 생각하기도 합니다. 이러한 작가들은 성리학적 틀에 구애받지 않고 노장, 불교 등의 사상도 두루 포용하는 성향을 갖고 있습니다. 나아가 기존의 규범에 갇히지 않고 타자를 새로운 시선으로 보려고 합니다. 그리하여 나와 관계 맺고 있는 사물을 세심하게 관찰하고 사물과 교감해서 얻은 발견을 글로 옮김으로써 존재의 소중함, 다양성의 가치, 상대적 태도의 중요성 등을 들려줍니다. 박지원을 비롯해 이덕무, 이옥, 이규보 등이 그러한 작가라 하겠습니다.

고전의 작가들이 스스로 '생태 글쓰기'라는 생각으로 글을 썼던 것은 아닙니다. 그러나 그들이 특별히 인식하지 못했을지라도 생태적 사고를 보여주는 글을 씀으로써 제가 개념화한 생태 글쓰기의 특성을 잘 수행하고 있다면 생태 글쓰기라 할 수 있겠습니다. 곧 생태 글쓰기는 역사적 실체가 아니라 하나의 '관점'이자 '태도'입니다.

사물은 본디
정해진 색이 없다

그렇다면 생태 글쓰기가 실현된 글은 어떠한 것인지, 이해를 돕기 위해 예를 들어보겠습니다.

> 3월의 푸른 시내에 비가 갓 개면 햇볕이 따스하다. 복숭아꽃 붉은 물결은 언덕에 넘쳐흐른다. 오색의 작은 붕어가 지느러미를 빨리 움직이지 못해 마름 사이를 헤엄치는데 혹 거꾸로 서기도 하고 옆으로 자빠지기도 하며, 혹 주둥이를 물 밖으로 내놓기도 한다. 아가미를 벌름거리는 것이 진기(眞機)의 지극함인지라 샘날 만큼 쾌활하고 편안해 보인다. 따스한 모래는 깨끗도 한데 백로와 원앙 같은 물새들이 둘씩 넷씩 짝을 지어 비단 같은 바위 위에 앉기도 하고 꽃나무에서 지저귀기도 하고, 날개를 문지르기도 하고 모래를 몸에 끼얹기도 하고, 물에 그림자를 비춰보기도 한다. 그 천연스런 자태의 해맑음이 절로 사랑스러워 요순시절의 기상 아님이 없다. 웃음 속의 칼날과 마음속에 모여 있는 많은 화살, 가슴 속에 숨겨둔 서 말의 가시가 통쾌하게 사라져 눈곱만큼도 남아 있지 않게 된다. 항상 나의 마음을 3월의 복사꽃 물결이 되게 할진대 물고기와 새의 활발함이 절로 순리대로 살아가려는 나의 마음에 보탬이 될 것이다.
>
> — 이덕무, 「선귤당농소(蟬橘堂濃笑)」

늦봄의 비 갠 날, 푸른 시내에 붕어와 물새기 한가로이 노니는 풍경을 들려주고 있습니다. 시인은 평화롭다고 직접 말하는 대신 물고기와 새의 묘사만으로 그 느낌을 전달합니다. 자연 사물의 한적한 움직임은 시인의 내면에 변화를 가져다줍니다. 세상을 향한 분노와 상처가 통쾌하게 씻겨 나갑니다. '웃음 속의 칼날' '많은 화살' '서 말의 가시'는 세상을 향한 분노, 상처, 원망을 의미합니다. 자연 사물은 이처럼 세상에 상처받고 병든 내면을 치유하는 힘을 갖습니다.

얼핏 이 글은 단순히 자연 친화로서의 물아일체 심경을 보여주는 것 같습니다만 기존의 글쓰기와는 다른 지점이 있습니다. 기존의 물아일체 글에서는 물(物)과 아(我)가 일체가 되어 내면을 정화하는 심미적 체험을 들려줍니다. 그렇지만 이 작품에서 인간은 사물에 끌려들어가 사물에서 위로를 받습니다. 자연이 내게 오는 것이 아니라 내 마음이 자연에 끌려들어갑니다. 자연의 생태 활동에서 인간은 병든 내면이 치료받고 위안을 얻습니다. 자연은 도덕을 드러내는 수단이 아니라 인간을 변화시키는 주체가 됩니다. 자연 사물은 한 인간의 마음을 바꾸는 변화의 장이자 내면을 씻어주는 치유의 공간이 됩니다.

이덕무는 자연 사물을 관념적으로 서술하거나 당위적으로 진술하지 않습니다. 사물의 생태 그 자체에 주목하고, 그 모습을 현미경으로 들여다보듯 세밀하게 붙잡아냅니다. 전체적인 배경을 소개한 후 점차 구체적으로 관찰해 들어가고 있습니다. 일종의 원근법이라 할 만합니다.

이덕무의 생태 글쓰기는 소소해 보이는 사물의 몸짓을 꼼꼼하게 관찰하여 이를 구체적으로 묘사합니다. 자연 사물을 소재로 하는 그의 글에는

'자세히 살펴보니'라는 말이 빈번히 나타나곤 합니다. 사물의 몸짓에서 인간은 반성과 성찰을 하거나, 내면의 치유를 경험합니다. 자연 사물이 인간의 내면으로 들어오는 것이 아니라, 인간이 자연 사물 속으로 들어가 인간을 반성하게 하고 위로받게 합니다.

이번엔 박지원의 작품입니다.

> 아! 저 까마귀를 보라. 그 날개보다 더 검은색이 없긴 하나 얼핏 옅은 황금색이 돌고, 다시 연한 녹색으로 반짝인다. 햇볕이 비추면 자주색으로 솟구치다, 눈이 어른어른하면 비취색으로도 변한다. 그러므로 내가 푸른 까마귀라고 말해도 괜찮은 것이고 다시 붉은 까마귀라고 말해도 상관없는 것이다. 저 사물은 본디 정해진 색이 없는데도 내가 눈으로 먼저 정해 버리는 것이다. 어찌 그 눈에서만 판정할 따름이랴? 보지도 않으면서 마음속에서 미리 판정해버린다. 슬프다! 까마귀를 검은색으로 가둔 것도 충분한데 다시금 까마귀를 갖고 세상의 온갖 색을 고정하려 하는구나. 까마귀가 과연 검기는 하다. 그러나 누가 다시 이른바 푸르고 붉은색이 검은색 안에 깃들어 있는 빛깔인 줄 알겠는가?
>
> — 박지원, 「능양시집서(菱洋詩集序)」

까마귀가 검다는 것은 예나 지금이나 일반적인 상식입니다. 색이 까매서 까마귀라고 이름 붙인 것이죠. 하지만 연암은 까마귀 날개는 빛이 비칠 때마다 다양한 색깔로 변하므로 푸른 까마귀, 붉은 까마귀라고 불러도 좋다고 주장합니다.

까마귀 날개가 빛에 따라 다른 색으로 보인다고 해서 까마귀를 붉은 까마귀라고 불러도 되는 것일까요? 언어는 사회적 약속인데 잠시 다른 색으로 보인다고 해서 다른 명칭을 쓴다면 언어활동에 혼란을 줄 것도 같습니다. 여기서 인상파 화가인 모네(Claude Monet, 1840-1926)의 루앙 성당을 한번 떠올려 보겠습니다. 모네는 똑같은 장소에서 날짜를 달리해 루앙 성당의 모습을 수십 점 그립니다. 비 오는 날, 흐린 날, 갠 날, 오전, 오후 등 시간과 날씨에 따라 루앙 성당은 각기 다른 색으로 나타납니다. 그랬을 때 특정한 날의 루앙 성당만이 옳을 수는 없으며 각기 다른 색의 루앙 성당 하나하나가 모두 루앙 성당을 드러냅니다.

모네는 '빛은 곧 색깔이다'라고 하여, 그때그때 빛의 조건에 따라 다른 색을 갖는 사물을 표현하려고 했습니다. 오늘날 현대 회화의 기본 이론도 '사물의 색은 정해져 있지 않다. 빛의 조건에 따라 달라진다'라는 것입니다. 이처럼 빛의 변화에 따라 사물의 색이 달리 나타난다는 인상주의 관점에서 보면, 연암의 말은 틀리지 않습니다.

사실, 예전 사람들은 까마귀를 검은색으로만 인식하지 않았습니다. 까마귀를 가까이에서 자세히 살펴보세요. 검은색 안에 언뜻 푸른색과 검붉은 색이 섞여 있습니다. 그래서 예전에는 까마귀를 푸른 까마귀라는 뜻의 창오(蒼烏)라고도 불렀고, 붉은 까마귀라는 뜻의 적오(赤烏)라고도 불렀습니다. 고대에는 태양을 삼족오(三足烏)라고 해서 다리 셋 달린 까마귀로 나타냈습니다. 고대의 벽화를 보면, 붉은 태양 안에 까마귀를 그려 넣은 장면을 볼 수 있습니다. 얼마 전 경남 합천에서는 흰 까마귀가 나타나 화제가

염암은 단순히 까마귀가 검지 않다고
말하는 것이 아닙니다.
'저 사물은 본디 정해진 색이 없는데도
내가 눈으로 먼저 정해 버린다'는 점을
말하려고 합니다.
작가는 다양한 색으로 빛나는 세계를
인정하지 않고 하나의 색으로만 가두는
폐쇄적인 사회를 비판합니다.

되기도 했습니다.

연암은 단순히 까마귀가 검지 않다고 말하려는 것이 아닙니다. '저 사물은 본디 정해진 색이 없는데도 내가 눈으로 먼저 정해 버린다'는 점을 말하려고 합니다. 작가는 다양한 색으로 빛나는 세계를 인정하지 않고 하나의 색으로만 가두는 폐쇄적인 사회를 비판합니다. 나아가 선입견과 편견이 갖는 위험성을 경고하려는 것입니다.

연암은 까마귀를 자세히 관찰하고 얻은 새로운 진실을, 인간 사회와 병치시킵니다. 세상은 다양한 삶의 양식을 한 가지로 가두어놓고 정해진 기준만을 따르라고 강요합니다. 사회규범이나 질서가 그러하고, 글쓰기도 그렇습니다. 사물이 다양한 색으로 빛나듯이 세상도 다양한 질서, 다양한 기준이 있어야 한다는 것이 연암의 생각입니다. 사물의 모습에서 인간 사회를 투영시켜 인간과 사회를 반성하게 하고 바꾸고자 하는 것이 연암의 생태 글쓰기 전략입니다. 그 과정은 사물에서 얻은 발견을 먼저 인식론이나 미의식의 문제로 치환하고, 그런 다음 현실 비판으로 확장시키고 있습니다.

작가의 마음으로 들어가, 그가 글쓰기를 수행한 심리적 과정을 유추해 보면 '관찰하기→발견하기→적용하기'의 단계를 거치고 있습니다. '적용하기'를 세분화하면 '인식론으로 확장하기→현실 비판하기'라는 절차로 진행됩니다. 생태적 사고를 보여주는 다른 글에서도 공통적으로 드러나는 특성인데, 연암은 사물을 관찰하여 발견한 깨달음을 인식론과 미의식으로 치환하고 현실을 비판하는 데로 나아갑니다. 연암이 사물에 대한 새로운 깨달음을 통해 궁극적으로 이야기하려는 지점은 삶과 현실을 교정하거나 개선하려는 데 있습니다.

이와 같이 생태 글쓰기는 작가가 생태적 사고를 작품에 담아내기까지의 과정이라든가 작품에 담긴 표현 방식까지 포괄하는 글쓰기입니다. 생태 사상이 실천적인 의미를 담고 있듯이 생태 글쓰기 역시 실천적인 속성을 띠어야 하며, 객관적 순수 자연물이 인간 혹은 사회와의 관련 속에서 의미를 드러냅니다.

병든 문학, 병든 내면의 치유를 위하여

그렇다면 생태 글쓰기는 오늘날 글쓰기 현실에서 어떤 의미를 지닐 수 있는 것일까요?

먼저, 생태 글쓰기는 병든 문학, 병든 내면을 치유하는 데 기여할 수 있습니다. 오늘날 인간의 삶은 많이 편리해지고 물질적으로 풍족해졌지만 과연 그만큼 더 행복한지는 의문입니다. 특히 인간은 남과의 비교를 통해 행복감이나 만족감을 얻곤 하는데, 자본주의 사회에서는 빈부의 차이가 워낙 크고 공정한 경쟁이 이루어지지도 않기 때문에 비교를 하는 순간 상대적 박탈감에 사로잡힙니다. 그러면서 황폐해진 우리 마음이 오늘날의 글쓰기에서도 나타나고 있다고 봅니다. 폭력적인 글쓰기, 건전한 비판이 아닌 감정적인 비방만 하는 글쓰기, 흑백논리에 빠진 글쓰기, 진실은 없고 무조건 이길 때까지 상대방을 물어뜯는 글쓰기가 횡행합니다. 저는 생태 글쓰기가 이러한 폐단을 치유할 좋은 방법이라고 생각합니다.

생태 글쓰기는 나를 둘러싼 존재들을 하나의 소중한 생명으로 생각합니다. 사물은 피상적으로 보면 하찮아 보이지만 자세히 관찰하면 배울 것이 많습니다. 생태 글쓰기는 쓸모없고 하찮은 존재가 더 의미 있고 가치 있을 수 있다고 말합니다. 그리하여 미미한 사물, 사람들이 꺼리는 벌레조차 애정을 갖고 배울 점을 찾아내려 합니다. 생태 글쓰기는 사물이 나와 관계를 맺고 있다 생각하고 그것과 교감해서 얻은 발견을 글로 옮김으로써, 모든 존재가 소중하다는 자각에 이르게 합니다. 생태적 글을 읽고 생태적 글쓰기를 수행함으로써 인간의 영혼을 순화시키는 생태 교육에 기여할 수 있는 것입니다.

나아가 생태 글쓰기는 참신한 표현 능력을 기르는 데에도 유용합니다. 오늘날에는 누구나 마음만 먹으면 남의 자료를 손쉽게 베낄 수가 있습니다. 수많은 정보가 넘쳐나다보니 더 이상 새로운 표현이 가능한지 의문이 들 정도입니다. 생태 글쓰기는 베끼기를 하지 않고 새롭게 보고 새롭게 표현하고자 합니다. 나를 둘러싼 일상의 사물에 눈길을 주어 이들의 몸짓을 표현 대상으로 삼습니다. 연암의 말을 빌자면 자연 사물에는 소리(聲)와 색깔(色)과 정(情)과 경물(境)이 스스로 존재합니다. 각각의 사물마다 그때그때의 상황에 따라 그 사물 고유의 몸짓과 자태가 있습니다. 그 사물의 몸짓은 어느 때 어느 하나, 같은 것이 없습니다. 그러므로 순간마다 발견한 사물의 몸짓과 깨달음을 자세히 관찰하면 참신한 표현을 얻을 수가 있습니다. 생태 글쓰기 작가에게서 예를 들어보겠습니다.

> 좋은 벗이 마음에 있어도 오래 머물게 하지 못하는 것은 꽃가루를 묻힌 나비가 올 제는 즐겁고 잠깐 머물면 마음이 바쁘다가 가버리고 나면 애틋해지는 것과 같다.
>
> — 이덕무, 「선귤당농소(蟬橘堂濃笑)」

> 말의 입술은 누에 입술과 비슷하고, 호도씨는 부화할 벌이나 나비 새끼 같으며, 쥐의 꼬리는 뱀과 비슷하고, 이는 비파와 같다. 서캐는 누런 보리 같고, 푸른 줄무늬 오이 껍질은 황록 줄무늬의 개구리 등과 같으며, 박쥐의 날개는 소의 볼과 같고, 노루 꼬리의 끝은 매실 살구의 수염 같다.
>
> — 이덕무, 「이목구심서(耳目口心書)」

> 이는 내가 젊은 시절 눈이 밝아 깨알 같은 글자도 가리지 않아서 어떤 것은 종이가 나비 날개처럼 얇고 어떤 것은 글자가 파리 대가리만큼 작았소.
>
> — 박지원, 「답응지서(答應之書)」

위의 인용문에서 사용된 비유는 모두 자연 사물의 몸짓을 자세히 관찰하여 얻은 표현들입니다. 자연 사물의 각양각색의 몸짓은 기존의 상투적인 표현에서 벗어난 참신한 비유를 가능하게 합니다. 생태 글쓰기 작가들의 작품에는 이와 같은 표현 방식이 무수히 많습니다. 사물의 생태는 매순간 변화하므로 그때그때 발견한 사물의 특징을 잘 담아내면 참신한 표현을 기르는 데 큰 도움이 될 수 있습니다.

곧 생태 글쓰기는 내용 면에서는 내면의 진실성을 기르고 형식 면에서는 참신한 표현 능력을 기를 수 있습니다. 생태적 사고를 이야기하는 글을 읽고 생태 글쓰기를 수행함으로써 오늘날 글쓰기 교육에 새로운 방향을 제시해주리라 봅니다.

남들이 보지 못하는 것을 보는 힘

생태 글쓰기는 '사물에 대한 인문적인 대화하기'라고도 부를 수 있습니다. 생태 글쓰기에서 가장 중요한 것은 나를 둘러싼 생명들을 꼼꼼히 관찰하고 교감하는 태도입니다. 인간을 둘러싼 자연 사물은 자세히 관찰하면 배울 것이 많습니다. 연암은 쓸모없고 하찮게 여겨지는 것들이 오히려 더 의미 있고 가치 있을 수 있다고 주장합니다. 그리고 나를 둘러싼 사물이나 자연에서 얻은 깨달음이 인간을 변화시킨다고 합니다.

물론 자연 사물에 국한할 필요는 없습니다. 고전 시대의 인간을 둘러싼 환경은 대부분 자연 사물이었지만 오늘날 우리 주위는 문명의 도구들로 이루어져 있습니다. 이렇게 오늘날 나를 둘러싼 일상의 사물(도구) 하나하나를 세심하게 관찰해서 의미를 찾고 또 그것과 교감해서 얻은 깨달음으로 우리 삶을 고치고 되돌아보게 하는 것, 그것이 바로 제가 생각하는 생태 글쓰기입니다.

생태 글쓰기는 일상의 평범한 사물이야말로 위대한 글쓰기 스승임을 깨닫게 합니다. 생태 글쓰기는, 남들이 볼 수 없는 곳을 가는 데서 좋은 글이 나오는 것이 아니라 남들이 보지 못하는 것을 보는 데서 좋은 글이 나온다고 이야기합니다. 모방하지 않는 글쓰기, 나만의 새로운 표현을 하고 싶다면 일상의 사물을 잘 관찰하라고 말합니다. 일선의 글쓰기 교육 현장에서 생태 글쓰기를 실천해볼 수 있기를 기대합니다.

Q & A
미니 인터뷰

Q 연암 박지원 선생님의 글은 요즘 사람들이 읽어도 그 독창성과 탁월함이 대단한 것 같습니다. 연암 선생님의 글에서 배울 수 있는 글쓰기 요령을 좀 더 알려주시면 좋겠습니다.

A 연암 자신이 독자들에게 글을 이렇게 쓰라고 자세히 일러준 적은 없습니다. 원론 차원의 언급이 있긴 하나 구체적인 예를 들어가며 말해주진 않았습니다. 그러나 연암의 글을 잘 살피면 그만의 글쓰기 요령이 있는 것도 같습니다. 그중 몇 가지를 들려드리고자 합니다.
하나는 장면을 초점화하라는 것입니다. 글을 쓰다 보면 이것저것 알고 있는 정보를 다 말하고 싶습니다. 많이 나열하다 보면 하나는 건질 수 있다고 생각하는 것이죠. 그런데 연암은 시시콜콜하게 이것저것 다 말하지 않습니다. 연암은 하나의 장면이나 사건을 집중적으로 다룹니다.

슬프다! 누님이 시집가던 날 새벽에 단장하던 일이 어제 일 같다. 나는 그때 막 여덟 살이었다. 응석 부리느라 누워 이리저리 뒹굴면서 신랑의 말투를 흉내 내어 더듬거리며 점잖게 말을 했더니, 누님은 수줍어하다 빗을 내이마에 떨어뜨렸다. 나는 화가 나 울면서 분에 먹을 섞고 거울에 침을 뱉었다. 누님은 오리 모양의 옥비녀와 벌 모양의 금 노리개를 꺼내어 내게 주면서 울음을 그치게 했다. 지금으로부터 스물여덟 해 전의 일이다. 강가에 말을 세우고 멀리 바라보았다. 붉은 명정은 펄럭이고 돛배 그림자는 너울거리는데 강굽이에 이르러 나무에 가리자 다시는 보이지 않았다. 강 위의 먼 산은 검푸른 것이 누님의 쪽찐머리 같고, 강물 빛은 화장 거울 같고, 새벽달은 누님의 눈썹 같았다. 눈물을 떨구며 누님이 빗을 떨어뜨렸던 일을 떠올리니, 유독 어릴 때 일은 또렷한데 기쁨과 즐거움도 많았으며 세월은 길었다. 나이가 들면서 항상 우환으로 괴로워하고 가난을 염려하다가 꿈속의 일처럼 세월은 훌훌 지나갔으니 피붙이로 함께 지냈던 날들은 또 어찌 이다지도 심히 짧았더란 말인가!

- 「백자증정부인박씨묘지명(伯 贈貞夫人朴氏墓誌銘)」

위의 글은 마흔 셋의 나이에 죽은 누나를 기리며 쓴 묘지명입니다. 묘지명은 죽은 사람의 자취나 인품을 칭찬하고 기리는 글입니다. 일반적인 묘지명이라면 죽은 이의 가족 관계, 덕이나 공로 등을 나열할 것입니다. 그러나 연암은 전통적인 형식을 따르지 않습니다. 대신, 누나가 시집가던 날 새벽에 둘 사이에 벌어졌던 작은 에피소드 한 장면을 이야기합니다. 누나의 성품이 착했다는 등의 상투적으로 칭찬하는 말도 없고, 구구절절한 감정도 표현하지 않았습니다. 그럼에도 가슴을 절절이 울리는 깊은 쓸쓸함이 있습니다. 글을 쓸 때 자질구레하게 이것저것 다 말하면 오히려 기억에 남는 것은 하나도 없습니다. 특정한 장면에 집중해야 글에 생동감이 흐르고 강한 인상을 남깁니다.
또 하나는 상투적인 이미지에서 벗어나라는 것입니다.

> 사람들은 단지 일곱 가지 정 가운데 슬퍼야만 눈물이 나오는 줄 알 뿐, 일곱 가지 정이 모두 울음을 자아내는 줄은 모른다네. 기쁨이 지극하면 울 수가 있고, 분함이 사무쳐도 울 수가 있네. 즐거움이 넘쳐도 울 수가 있고, 사랑이 극에 달해도 울 수가 있지. 너무 미워해도 울 수가 있고, 욕망이 가득해도 울 수 있다네. 맺힌 감정을 푸는 데는 소리보다 더 효과가 빠른 것이 없지. 울음은 하늘과 땅 사이의 우레에 견줄 만하네. 지극한 정을 펼친 것이 저절로 이치에 맞아떨어진다면 울음이나 웃음이나 뭐가 다르겠는가? 사람의 정이 지금껏 이러한 지극한 감정을 겪어보질 못해 교묘하게 일곱 가지 정으로 나누어, 슬픈 감정에 울음을 짝지은 것이라네.
>
> ―「호곡장(好哭場)」

이 글에서 연암은 울음에 대한 새로운 의미를 부여합니다. 일반적으로 사람들은 울음이란 슬퍼야 우는 것이라고 생각합니다. '울음=슬픈 감정', '웃음=기쁜 감정'으로 짝짓습니다. 그러나 연암은 이런 생각에 동의하지 않습니다. 울음은 인간의 다양한 감정에서 모두 나올 수 있다고 말합니다. 즐거움이 지극해도 눈물이 나오고 너무 사랑해도 눈물이 납니다. 소리의 의미를 맺힌 감정을 푸는 행위로 바라보고 울음과 웃음은 같은 이치에서 나온다는 역설적인 발상을 합니다.

이처럼 연암에게 의미는 고정되어 있지 않습니다. 맥락과 상황에 따라 의미를 해체하고 그 상황에 가장 적합한 의미로 바꿉니다. 이른바 오늘날의 '창조적 상징'이라고 할 수 있겠는데, 관습의 언어를 사용했던 고전 시대에는 상상하기 힘든 발상입니다.

이 외에도 연암의 글에는 그만의 글쓰기 요령이 참 많습니다. 글의 첫머리에선 과감하게 논쟁을 촉발시키는 도발적인 화법을 쓰며, 마무리를 할 때는 이운과 극석인 방식을 즐겨 활용합니다. 같은 말을 여러 번 반복하지 않습니다. 생태 글쓰기와 아울러 그의 글쓰기 비결이 오늘날에 더욱 잘 활용되었으면 좋겠습니다.

Part. 7

평화와 생명의 가치를
어떻게 가르칠 것인가?

정
/
성
/
현

저는 밥을 가장 중요하게 여깁니다. 그래서 밥만큼은 최고로 대접해야 한다고 늘 강조합니다. 우리 DMZ 생명평화동산에 있는 식당 이름이 '만사지식일완(萬事知食一碗)'입니다. 밥 한 그릇의 이치를 알면 만사를 안다는 뜻입니다. 밥이 좋아야 합니다. 나쁜 밥, 싸구려 밥 먹이면서 아이들이 잘되기를 바라는 것은 새빨간 거짓말입니다.

대화와 협상의
훈련이 필요하다

먼저 2014년 실시된 삼척 원전 주민투표 이야기부터 하겠습니다. 제가 39년 전에 삼척고등학교에서 한 학기 동안 교사를 한 적이 있습니다. 그때 저한테 배웠던 사람이 원자력 발전소 반대를 주요 공약으로 내걸고 시장 선거에 무소속으로 나와서 압도적인 표차로 당선됐습니다. 이전 시장은 삼척 시민의 96.6%가 원전 유치에 동의한다는 서명부를 정부에 제출했고, 이를 바탕으로 정부가 삼척시를 원전 예정 지구로 지정했지요. 그러나 그 서명부는 가짜로 만든 거예요. 몇 사람이 앉아서 아무 주소니 이름 쓰고 동그라미 치고 해서 만든 것으로 국정감사 때 진실이 드러났습니다.

그래서 그 지역에 찬반양론이 뜨거웠습니다. 반대가 더 많았는데 실제로 현장에 가보니까 전에 찬성했던 사람도 일본 후쿠시마 원전 사고 이후 돌아선 사람들이 많았습니다. 그때 주민투표관리위원장을 맡아달라면서 목사님 한 분이 전화를 하더니 그 뒤로 시위원이 전화를 했어요. 또 수십 년 전 저에게 역사를 배웠다는 그 시장이 강원도 인제까지 찾아올 거라면서 투표관리위원장을 맡아달라고 해요.

좋은 마음으로 투표관리위원장을 맡고 얼마 후 투표관리위원회를 구성했습니다. 그런데 투표관리위원을 살펴보니 모두 원전 건설을 반대하는 사람들로만 내정이 된 거예요. 그러면 안 되죠. 찬성하는 사람도 있고 이도 저도 아닌 사람도 있어야 맞아요. 그래서 사람들에게 성향상 찬성과 반대, 중립적인 사람들을 고르게 구성해 주민투표를 관리해야 누구든 결과에 승복하지 않겠냐고 설득했습니다. 그렇게 여러 우여곡절을 겪으며 투표를 실시했는데 원전 찬성 14.5%, 반대 85%, 무효표 약간으로 결과가 나왔습니다.

그해 최초로 개인정보보호법이 발효되었기 때문에 투표유권자를 일일이 찾아다니며 투표인명부를 작성해야 했어요. 주민등록번호는 쓰지 못하고 생년월일만 쓰고 개개인마다 일일이 동의를 받아야 했습니다. 굉장히 고된 작업이었고, 주민들을 잘 아는 이장이나 통반장, 퇴직 공무원들의 협조가 절대적으로 필요했어요. 게다가, 대화나 토론이 잘 이루어지지 않아 힘이 들었습니다. 우리 사회는 토론을 해본 경험이 거의 없다 보니 찬성이든 반대든 본인 얘기만 하고 그냥 가버립니다. 우리나라에서 하는 토론회가 대개 이런 식이에요. 발제자들이 발제하고 지정 토론자 두세 명이 나서서 형식적으로 얘기를 주고받은 뒤 그냥 끝냅니다. 그런 토론 모임은 대화를 많이 나누는 자리가 아니에요.

그때 삼척에서 조직한 찬·반 토론회에는 대세가 이미 기울었다면서 반대하는 쪽 사람들이 아무도 참석하지 않았습니다. 반대 의견이 압도적으로 많다 해도 찬반 토론회는 꼭 필요하기에 공문도 보내고 전화도 하고 준비에 온갖 정성을 쏟았는데 그렇게 되었어요. 우리 시민들에게 토론은 참 힘든 일이라는 걸 실감했지요. 민주주의 사회에서는 토론도 훈련이 필요해요. 훈련 없이는 잘 될 수가 없다고 생각합니다.

삼척 시민들에게 드린
당부의 말

찬반 투표가 모두 끝난 뒤 폐회를 할 때였습니다. 그때 평창에서 생물종다양성당사국총회가 열려서 외국인들이 많이 왔는데 모두들 삼척 원전 찬반 투표에 지대한 관심을 나타냈습니다. 우리나라 언론은 관심이 없어도 외국에서는 그 투표 결과를 상당히 주목하고 있었고 특히 일본이 가장 눈여겨보고 있었어요. 그때 제가 삼척 시민들에게 이제 삼척 시민들은 행정구역상의 시민을 넘어 정치사회적으로 시민권을 스스로 찾은 것을 축하한다고 인사한 뒤 세 가지를 당부했습니다.

첫째로 우리 모두 전기를 좀 아끼자고 했습니다. 원전은 반대하면서 자기 동네, 자기 집에 들어오는 전기를 흥청망청 쓴다면 그른 행동이 아니겠느냐며 전기를 절약해야 한다고 강조했습니다. 우리는 지금 쓰는 전기를

20%는 충분히 절약할 수 있어요. 그다지 어렵지 않고 생활하는 데 조금도 불편이 없습니다. 그런데 전국적으로는 20%를 절약하면 대략 1,600만kW 내지 1700만kW를 금방 절감할 수 있습니다. 그러면 우리나라에 원자력 발전소가 23개 있는데, 한 15개쯤 구동하지 않아도 됩니다. 사실 절약만큼 위대한 실천이 없습니다. 절약을 해야 무엇이든 이뤄낼 수가 있습니다.

두 번째로는 삼척 앞바다의 생태를 살려야 한다고 했습니다. 지금 동해에선 20년째 물고기가 잡히지 않고 있어요. 바다가 다 죽어서 그래요. 바다 속에서 해조류가 다 죽어서 하얗게 변하는 백화현상이 일어나고 있습니다. 해조류가 있어야 고기가 먹이로 뜯어먹고 숨기도 하는데 전혀 그럴 수가 없는 상황입니다. 북한에서 중국에 동해 어장을 헐값에 내주어 중국 어선들이 물고기를 싹 쓸어가는 것도 문제입니다. 북한은 중국과 어업협정을 맺고 5년 단위로 한 번씩 바꾸는데, 협정을 맺은 첫 해(2000년대 초)에만 동해에 어선 997척이 들어왔습니다. 중국 어선들은 그물망이 좁고 촘촘해서 작은 치어들까지 모조리 잡아들이기 때문에 거의 모든 물고기가 멸종되다시피 했습니다. 그렇게 5년이 지나고 또 재계약하는 방식인데 그들이 한 번 출항하면 1년치 비용을 한 번에 건진다는 말이 나올 정도입니다.

저는 남북 강원도 교류 협력 사업 때문에 가끔씩 북한에 가서 여러 가지 대화를 나눌 기회가 있습니다. 저를 친밀하게 대해주는 북한 사람들이 많아서 농담으로 이렇게 말을 건넸습니다. "통일은 어려운 게 아니다. 남쪽에서 친북이 많이 생기고 북쪽에서 친남이 많이 생기면 쉽게 통일할 수 있는 게 아니냐?"

그러면서 꼭 덧붙이는 이야기가 있습니다. 우선 서한만에 30억 배럴쯤 매장돼 있다는 석유를 남북이 공동으로 개발하자고 합니다. 그 말 나온 지가 벌써 15년이 넘었는데 이 사람들이 몇 년 전부터 다른 나라와 개발을 얘기하기 시작했답니다. 북한은 진짜 중요한 사업은 우리와 같이 안 합니다. 또 동해에 물고기 자원을 증식시키고 잡는 것도 같이 하자 했고, 백두대간에 산림생태계를 보호하고 나무도 같이 심어 가꾸자고 제의했습니다. 안타깝게도 북한에서는 그런 자원을 진짜 헐값에 아무한테나 막 넘기고 있습니다.

삼척 이야기를 마무리하자면, 제가 시민들에게 마지막으로 부탁한 것은 원전 건설에 찬성한 사람들을 비난하거나 구박하지 말라는 당부였습니다. 무슨 일이든 잘하려면 참을 줄 알고 서로 대화를 잘 해야 합니다. 학교에서든 직장에서든 부부 사이에서든 할 말 다 하다 보면 좋은 결과를 이끌어내기가 어려운 법입니다. 의외로 참는 게 좋을 때가 많습니다.

DMZ 평화공원의 꿈

최근에 비무장지대(DMZ) 얘기를 하는 분이 많습니다. 그런데 우리가 확실히 알 수 있는 DMZ 정보는 생년월일이 1953년 7월 27일이고 끝없이 변화하고 있다는 것뿐입니다. DMZ에 대한 그 밖의 얘기들은 거짓말이거나 과장된 게 많습니다.

DMZ가 '생태계의 보고'라는 말부터가 거짓이에요. 비무장지대를 사이에 두고 남북한 군대가 휴전협정을 위반하고 서로 감시하며 생태계를 많이 파괴했거든요. 불을 지르거나 나무를 모조리 잘라버렸기 때문에 DMZ는 생태계의 특이지대일 뿐 생태계의 보고가 아니에요. 일부 사람들이 가보지도 않고 '태고의 신비가 숨 쉬는 DMZ' 운운하는데 그게 실제로는 거짓일 뿐입니다.

비무장지대보다는 민북지역이 생태계의 보고라고 할 수 있습니다. 민북지역은 DMZ 남방 철책선부터 민간인 통제선 사이를 줄여서 부르는 말로, 지뢰를 묻어놓고 군인만 출입하는 곳입니다. 민간인들은 허락 없이는 들어가지 못합니다. 그 지역이 생태계의 보고에 더 가깝습니다.

민북지역을 조사하다 '남강'을 보았는데 남강은 남쪽에도 지류가 있고 북쪽에도 지류가 있습니다. 인제에서 휴전선을 따라가다가 북한 해금강 쪽으로 빠져나가는 강을 남강이라고 합니다. 그 강을 본 뒤로 1997년부터 해마다 새끼연어 5만 마리씩을 풀어줬어요.

그러고 나서 2000년도에 원산에 들렀다가 평양으로 갔는데 그쪽 수산업 관계자가 고성 후천강에서 연어를 잡고 있답니다. 그 말을 듣다가 무심코 말했습니다. "그 치어를 우리가 넣어준 건데?" 그랬더니 "무슨 말입니까?" 하고 물어요. 자초지종을 설명했더니 "정말 고맙습니다" 하며 감동하더라고요. 그 사람들 모르게 선행을 베풀었으니 참으로 고마웠던 거죠. 그러다 보니 이후에 대화하고 협상하는 과정이 술술 풀렸어요.

DMZ 민북지역에서 교육하려면 꼭 허가를 받고 들어가야 합니다. 어른들은 물론 중학생들의 교육 신청이 상당히 많습니다. 고등학생은 입시 때문인지 거의 연락이 없어요. 중학생 아이들을 데리고 들어가 설명을 하면 아이들이 느끼는 게 많아 보입니다. 공부는 교실에서도 하고 현장에서도 해야 하는데 그런 마땅한 장소가 바로 민북지역이에요.

언젠가 박근혜 대통령이 DMZ에 세계평화공원을 만들겠다는 계획을 발표했는데 참 좋은 생각입니다. 원래 노태우 대통령 때부터 그런 얘기가 있기는 했어요. 요새는 앞에다 생태를 붙여 생태평화공원이라고 부르는데, 저는 그게 꼭 잘되기를 바랍니다.

정부에서 이 공원을 조성하겠다고 통일부 산하의 통일연구원에 초기 작업을 맡겼습니다. 거기서 회의를 한다고 두 번 초청을 받아 참석했습니다. 그런데 DMZ 세계평화공원을 만들려면 진지한 자세로 임해야 하는데 영 그렇지가 않은 겁니다. 공원 부지를 30만 평으로 정해 예산을 503억 원 신청했다가 깎이고 결국 삼백몇십 억쯤 받았다고 하는데, 그러면 생태평화공원이 될 리가 없습니다. 30만 평이면 여의도의 3분의 1밖에 안 되는 규모인데 거기에 어떻게 삼백몇십 억이 들어갑니까.

우리가 민북지역 안에 지뢰생태공원을 조성하자고 기획해서 잡아놓은 넓이가 30만 평인데 그때 책정한 예산이 12억 원에 불과합니다. 그래야 생태계를 보존하고 평화를 지킬 수 있습니다. 몇백억 원 들여 건물을 짓네 조형물을 세우네 한다고 평화를 느낄 수 있는 게 아닙니다. 전문가와 자본이 들끓기 시작하면 완전히 망가지게 됩니다.

그 회의에서 저는 이렇게 제안했습니다. DMZ 전 지역을 평화공원으로 만들면 좋겠지만 그것은 남북이 완전히 통일하기 전 단계라야 가능한 일이니 아직 먼 훗날의 일이고, 우선 세 군데에 만들어야 한다고요. 그 세 곳은 서부의 파주, 중부의 철원, 동부의 고성을 말합니다.

파주는 남북이 서로 왕래하기가 쉬운 곳이에요. 그래서 긴장도가 가장 높고 양쪽의 화력이 집중된 곳이지요. 그런 곳에 평화공원을 만들어야 군축회담과 연결되며 군사적인 신뢰 관계가 이뤄집니다.

그다음 철원에는 민족의 꿈을 위해 평화공원을 만들어야 합니다. 철원은 과거에 궁예의 도성이 있던 곳이에요. 궁예는 좋은 세상, 미륵세상을 만들려고 했지요. 최고의 이상향을 꿈꾼 거예요. 그런 곳에 평화공원을 만든다면 남북이 이룰 수 있는 최고의 꿈을 구현할 수도 있을 겁니다.

마지막으로 동부에는 금강산과 설악산 연결 통로인 수동면에 평화공원을 만들어야 합니다. 그곳은 일제강점기 때 3천만 평 규모의 학술림을 조성하려던 자리로, 숲 평화공원을 만들면 됩니다.

이처럼 세 군데에 평화공원을 조성하되 전문가와 자본을 중심으로 하지 말고 평화를 사랑하는 국내외 사람들이 참여할 수 있게 처음부터 개방적이어야 합니다. 예컨대 지뢰를 제거하려면, 일본 교토대학에 지뢰를 탐색하고 캐내는 5천만 엔짜리 장비가 있으니 일본의 평화운동가들이 모금해서 그런 장비를 가져오는 식으로 전 세계 평화애호가들의 자발적 참여를 이끌어내야 합니다.

저도 전문가의 중요성은 알지만, 그렇다고 전문가가 모든 일을 다 하는 것은 반대합니다. 보통 사람들이 참여할 수 있어야 합니다. 특히 외국인들은 정말 참여하고 싶어 하는 사람이 많아요. 그런 걸 모두 배제하고 준공식과 개통식 때만 초청하려고 합니다. 제가 그런 게 옳지 않다고 지적했더니 그다음부터는 저한테 오라는 소리를 안 합니다. 진짜 대화가 안 돼요.

인제군에 세워진 평화생명동산

제가 일하는 DMZ 평화생명동산은 1998년 당시 인제 군수였던 이승호 님의 제안이 계기가 되었습니다. 인제군은 산이 많고 물이 많아 농토가 5%도 안 됩니다. 우리 국토의 17%가 농토라는데 인제군은 논밭이 없는 거나 마찬가지였어요. 그래서 해 뜰 때 민간인통제선 안으로 들어갔다가 해 질 때 나오는 출입영농을 해볼 생각으로 인제 군수가 전화를 걸어왔습니다. 무슨 농사를 지으면 좋을지 조언을 부탁한 거예요.

그렇게 이승호 군수의 초청을 받아 민통선 안으로 들어갔는데 뭔가 가능성이 보이는 겁니다. 옛날에 논으로 쓰던 땅을 환경 전문용어로 인공습지라 하는데 그런 곳이 모두 자연습지로 바뀌었고 밭으로 쓰던 데도 다 바뀌었어요. 그곳이 내금강으로 들어가는 입구였고 거기서 45분만 가면 내금강이에요. 그래서 인제 군수에게 "이 지역을 어떻게든 생명에 이롭고 평화에 도움이 되는 곳으로 쓰는 게 어떻습니까, 우리 민족과 인류에 이롭게 쓰면 괜찮을 것 같군요"라고 했더니 "그거 좋은 말씀이십니다. 그렇게 하십시다" 하며 화답해서 시작된 게 DMZ 평화생명동산이에요.

DMZ 평화생명동산에는 평화생명동산 교육마을이 2009년부터 운영되고 있고, 앞으로 지뢰생태공원과 생명연구동산을 만들려고 합니다. 생명연구동산은 한반도 식물종을 수집·재배·연구하여 미래의 생명사회를 준비하는 연구기지를 마련하는 게 목표입니다. 남북한의 식물이 제일 많이 만나는 곳이 인제·고성의 향로봉부터 대암산까지인데 이를 전문용어로 점이지대라고 합니다. 그래서 이곳에다 남북한의 식물을 최대한 모아서 연구해야 한다는 취지로 계획되었습니다. 남과 북의 식물을 모두 모으면 적어도 7천 종이 넘는다고 하니 9만 평 터에 그 식물들을 모아놓고 연구를 하자는 거예요.

교육에는 회초리도 필요하다

지금 공교육 현장에서 상당히 애쓰고 있는 교사들이 많습니다. 제가 수십 년 전에 20개월 선생 노릇을 할 때만 해도 지금과는 많이 달랐습니다. 학생들도 말 잘 듣고 회초리로 때려도 아무 소리 없이 교육의 일환으로 받아들여졌습니다. 그런데 요즘은 교사들이 멱살 잡히지만 않아도 다행이다 싶어요.

얼마 전 가평 교육지원청의 요청으로 중고등학교 학부모들 앞에서 90분 동안 강연을 했습니다. 그랬더니 거기 참여했던 선생님들과 교육지원청 장학사들이 무척 고마워했습니다. 제가 학부모들에게 야단을 쳤거든요. 집에서 아이들을 망가뜨려놓고는 좋은 학교 가게 해달라고 하는 게 말이 되냐고요. 집에서 아이들을 50%나 망가뜨려놓고서 어떻게 좋은 대학교 보내달라고 할 수 있느냐고 묻기도 했습니다.

그리고 선생님이 사람 좀 되라고 학생을 혼낸다고 항의하는 게 말이 되느냐고 따졌어요. 우리나라 청소년들 130만 명이 스마트폰과 인터넷 중독 위험군에 포함되는데, 그게 부모 잘못이지 누구 잘못이냐고 막 혼을 냈습니다. 또 학교 청소나 급식 모두 학부모가 와서 하거나 청소 용역 회사 사람들이 하는데 학생들 스스로 하게 해야 한다고 말했어요. 그랬더니 학부모들이 아무 말도 못 합니다. 그 뒤로 현직 교사나 장학사들이 가평 읍내에서도 강연을 더 해달라면서 부탁을 하더군요.

평소 제 교육관이 그렇습니다. 교사는 지식노동자 이전에 스승입니다. 스승은 회초리를 들 수 있다고 생각합니다. 평화생명동산에 찾아오는 학생들을 보면 정말 잘못된 태도를 보이는 아이들이 꽤 많습니다. 중학생들이 특히 그런데, 오죽하면 북한이 남침을 못하는 게 '중학교 2학년생들이 무서워서'라는 농담이 있겠습니까. 저는 잘못된 행동을 하는 아이들을 혼냅니다. 그리고 돌아갈 때 버스에 찾아가 또 이야기합니다. "어제는 진짜 화가 나서 야단을 쳤는데 너희들 그러면 안 된다."

그렇게 정색하면 "죄송합니다, 다시는 안 그러겠습니다" 하고 반성하는 아이들이 의외로 많습니다. 그래서 저는 아이들이 잘못하면 혼을 내고 필요할 땐 회초리를 써야 한다고 생각합니다.

1년에 6,500명 정도의 사람들이 평화생명동산에 찾아와 교육을 받고 갑니다. 주로 당일치기, 1박 2일, 2박 3일 머무는 사람이 많습니다. 9개국의 외국인들 40명이 15박 16일을 지내다 가기도 했습니다.

　이곳의 교육방침은 단순합니다. 첫째로 밥을 가장 중요하게 여깁니다. 그래서 밥만큼은 최고로 대접해야 한다고 늘 강조합니다. 우리 식당 이름이 '만사지식일완(萬事知食一碗)'입니다. 밥 한 그릇의 이치를 알면 만사를 안다는 뜻입니다. 밥을 가장 중요하게 생각하기 때문에 쌀도 우리 서화면에서 생산되는 최고 품질의 유기농 우렁이 쌀만 씁니다. 채소도 직접 유기농법으로 생산한 것을 내놓습니다. 밥이 좋아야 합니다. 나쁜 밥, 싸구려 밥 먹이면서 아이들이 잘되기를 바라는 것은 새빨간 거짓말이에요.

　저는 무상급식 논쟁을 조금은 한심하게 생각하는 사람입니다. 좋은 밥으로 '모실' 생각을 해야지 유상, 무상을 따지니 이치에 맞지 않습니다. 밥은 진짜 다른 생명을 입안과 뱃속으로 '모시는' 것입니다. 밥을 안 먹으면 죽잖아요. 그러니 밥이 곧 하늘입니다. 이런 동학의 가르침은 19세기부터 있었는데 참 대단한 말씀입니다.

　둘째, 교육할 때는 학생 수가 많으면 안 됩니다. 30명이 넘으면 대개 양적 관리가 되지 질적 교육이 안 됩니다. 20~30명 사이가 적당합니다. 특히 민통선 안에 들어왔을 때는 숫자가 너무 많아 못 찾으면 큰일 납니다.

　셋째는 '고객 만족'이라는 단어를 쓰지 말라고 합니다. 유행처럼 그런 말이 난무하는데 고객 만족은 시장 용어이지 교육과는 맞지 않습니다. 교육은 광장이지 시장이 아닙니다. 교육에서는 올바른 관계를 맺는 것이지 고객 만족의 논리를 따라가서는 안 됩니다.

이것이 저희가 생각하는 세 가지 교육관입니다. 교육이 다양하게 이루어지는데, 저는 이론도 중요하고 강의도 중요하지만 노동이 더 중요하다고 생각합니다. 1박 2일만 머물러도 두 시간은 일하도록 합니다.

요즘 아이들은 일을 할 줄 모릅니다. 어른들이 너무 일을 안 가르쳐서 그렇습니다. 어느 대학의 농업 관련 학과 학생들이 농업 체험을 왔기에 왜 이런 데로 체험을 하러 왔느냐고 학장에게 물어보니 대답이 기가 막힙니다. 과거에는 농업 체험을 하라고 지방대학 농대에 1억 5천만 원씩 지원을 했답니다. 그러더니 최근에는 지방뿐 아니라 서울에 있는 농대도 1억 5천만 원을 지원하기에 여기로 왔다는 겁니다.

그런데 농사일 좀 하자고 하니 삽을 처음 들어본 학생들이 대부분입니다. 요즘 실정이 그렇습니다. 중·고등학교 학생들은 물론 군인들까지 일에 엄두를 못 냅니다. 삽이나 괭이, 호미질을 가르쳐줘도 따라 하질 못해요. 예전 아이들은 덤벙거려서 뭘 잘 망가뜨렸는데 요새는 아예 손을 못 대니 망가뜨리지도 않아요. 삽질 제일 못하는 아이들이 서울의 대학생들입니다. 그래서 저는 우리나라 장래를 무척 어둡게 봅니다.

저는 문답식 교육을 좋아해, 이것저것 많이 물어보는데 한 명도 대답을 안 하는 데가 서울대학교예요. 대답을 좀 하는 학교는 경희대, 고려대, 한국신학대, 성공회대학교 정도이고 대안학교를 다니는 중고등생들이 대답을 잘합니다. 그래서 서울대학교 학생들을 인솔하고 온 교수에게 학생들이 왜 대답을 못 하냐고 물었더니 정답을 생각하느라 그렇답니다. 정답만 생각하니까 대답을 못 하는 겁니다. 그런 학생들이 사법고시, 행정고시 합격해서 지배세력이 된다니 우리나라 미래가 밝지 않은 것입니다.

몸이 튼튼해야 제대로 공부한다

언젠가는 초등학교 학부모와 학생들 열다섯 명이 평화생명동산에 왔는데 저하고 문답하는 시간이 있었습니다. 자유롭게 이야기를 나누다가 스마트폰이 화제가 되었어요. 아이들에게 스마트폰의 좋은 점이 뭐냐고 한참 묻고 답하다보니 좋은 점이 없다는 결론이 나옵니다. 아이들도 잘 알고 있습니다. 그때 제가 "생각을 안 하고 사는 사람을 뭐라고 그러냐?"고 물었더니 대답을 못 합니다. 다시 "생각을 안 하고 사는 사람은 바보 천치다. 그런데 너희는 왜 시간과 돈을 써가며 바보 천치가 되려고 하느냐?" 묻고는 학부모들에게도 "왜 그렇게 애들을 바보 천치가 되도록 도와줍니까?" 하고 물으니 아무 말도 못 합니다. 생각을 덜 하는 사람을 뭐라고 합니까? 덜떨어진 사람입니다.

그렇게 한참을 얘기하고 나니 아이들이 스스로 마음먹은 결심을 꺼내놓습니다. 어떤 아이는 "스마트폰을 하루에 2~3시간 했는데 일주일에 합쳐서 30분만 하겠습니다" 하기에 제가 타일렀습니다.

"그렇게 엄청난 일을 하는 건 혁명이다. 혁명은 너무 힘드니까 조금씩 개선하려무나. 하루에 한 30분만 해라. 일주일에 30분만 하는 건 무리야."

그런 다음 아이 어머니에게 물어봤습니다.

"애가 지금 혁명을 하려는데 되겠습니까?"

그랬더니 그냥 웃기만 합니다. 본인이 더 많이 하니까 웃는 겁니다. 아무튼 한 아이가 30분만 하겠다고 하니까 여러 명이 덩달아서 "에이, 난 한 시간만 할래" 하는 분위기가 되었습니다. 그렇게 저녁 9시 30분에 토론을 끝내고 반딧불이를 보러 바깥으로 나갔습니다. 원래는 동산에 200~300마리 있는데 가뭄이 심하게 들어 20~30마리밖에 보이지 않았습니다.

반딧불이를 구경하고 10시 30분에 잠을 잔 뒤 다음날 일찍 일어나 교육을 진행하기로 했는데 12시 넘어서까지 소리가 계속 들렸습니다. 이튿날 만나보니 부모들과 아이들이 반딧불이하고 놀다가 새벽 5시에 잤답니다. 그래서 그날의 교육이 완전히 어긋났는데 저는 그게 최고의 교육이라고 생각했어요. 교육 안 하면 어떻습니까? 학부모들이 "처음엔 그냥 소개로 왔는데 앞으로는 계절마다 1년에 네 번은 와야겠습니다" 하더니 그해 겨울 12월에 또 왔어요. 그땐 방문객이 32명으로 늘어났더군요.

그날도 문답과 강의로 교육이 이루어졌는데, 강의도 좋지만 시간이 넉넉하다면 문답이 좋다고 봅니다. 강의는 노동, 좋은 밥 대접하기, 집중에 도움이 되는 생활 명상 등을 주제로 하고 대암산이나 향로봉, DMZ 가까이까지 가는 생태체험 등의 프로그램으로 진행됩니다. 그렇게 하면 아이들보다 부모들이 좋아합니다. 부모에게 좋으니까 저절로 아이들한테 영향이 따라가게 됩니다. 아이들은 이야기를 나눌수록, 짧은 시간이지만 눈에 띄는 변화를 느낍니다. 부모들이 아이들을 입시 경쟁으로 내몰아 사람을 잡지 말아야 합니다. 저는 부모들이 아이들을 막 잡는다고 보거든요.

제가 교육에서 가장 강조하는 것은 몸을 튼튼히 하라는 것입니다. 사람은 무엇보다도 몸이 튼튼해야 합니다. 몸이 약한 사람이 돈이 많거나 높은 벼슬을 하면 짜증을 내서 다른 사람을 해치고 결국 자신도 해치고 맙니다. 그러니 몸이 튼튼한 게 가장 중요합니다.

그래서 저는 쉬는 시간에 스마트폰을 꺼내 든 학생들을 보면 밖으로 내보내 놀게 합니다. 핀란드는 쉬는 시간에 아이들을 다 운동장으로 내보낸다고 하는데 맞는 방식입니다. 몸이 튼튼한 게 제일이고 그다음에는 마음이 좋아야 합니다. 생각을 깊이 하고 좋은 말을 쓸 수 있는 사람이 되려면 마음이 좋아야 하거든요. 세 번째는 공부를 열심히 해야 하는데, 몸이 튼튼하고 마음이 좋으면 공부는 저절로 됩니다.

공부는 왜 해야 합니까. 나는 누구인가, 나와 너는 어떤 관계인가, 우주는 무엇인가를 알기 위해서 하는 것이 공부라고 생각합니다. 세상에 태어나 내가 누군지도 모르고 헤매다 죽을 수는 없습니다. 나와 너, 즉 사회가 뭔지도 모르고 살 수는 없는 것이고 우주나 영혼을 생각하지 않고 사는 것은 벌레보다도 못한 겁니다. 벌레도 우주를 생각할지 모릅니다. 그러니 그 모든 것을 아는 게 공부고, 학교는 공부를 제대로 하도록 기초를 잡아주는 곳이니까 선생님 말씀을 잘 들어야 한다고 이야기합니다. 그것이 제가 생각하는 교육입니다.

공부는 왜 해야 합니까.
나는 누구인가, 나와 너는 어떤 관계인가,
우주는 무엇인가를 알기 위해서
하는 것이 공부라고 생각합니다.
세상에 태어나 내가 누군지도 모르고
헤매다 죽을 수는 없습니다.
나와 너, 즉 사회가 뭔지도 모르고
살 수는 없는 것이고 우주나 영혼을
생각하지 않고 사는 것은
벌레보다도 못한 겁니다.

생명에 이로운
개발이어야 한다

이제 공간에 대해 얘기를 할까 합니다. 금강산은 외금강, 해금강, 내금강으로 이루어져 있는데 강원도 인제군 서화면의 453지방도로가 내금강으로 가는 지름길입니다. 여기서 50분이면 내금강에 도착한다고 합니다.

도로 얘기가 나온 김에 드리고 싶은 말씀이 있습니다. 우리나라가 통일이 됐다는 가정하에 세워놓은 도로 건설 계획이 있어요. 경의선 철도를 비롯해 동해선, 국도 7호선, 1호선 등 그것들을 다 놓으면 비무장지대의 길이가 248km인데 9.8km당 길이 하나씩 생기게 됩니다. 저는 이런 도로 계획을 반대합니다.

그렇지 않아도 우리나라에는 "길이 너무 많아 길을 못 찾고 있는 형국"이에요. 고속도로 밀집도가 OECD 평균보다 몇 배나 될 정도로 많습니다. 평지가 많은 네덜란드, 벨기에 등은 지형 특성상 고속도로가 많지만 우리처럼 산악지대가 대부분인 나라에서는 그래서는 안 됩니다. 토목사업을 지나치게 많이 벌이는데 DMZ에서도 마찬가지입니다.

2000년대 초 개발 계획을 짤 때 도지사와 군수 그리고 제가 큰 방침의 합의를 했습니다. DMZ 지역이 3억 평 정도인데 그곳은 통일 이후에도 그냥 두고, 지뢰가 묻힌 곳도 그냥 내버려두자고 했습니다. 지뢰는 쇠붙이로 된 것과 플라스틱 지뢰가 있는데 쇠붙이는 150년만 지나면 다 삭는다고 하니 앞으로 90년만 더 기다리면 자연히 다 삭고, 플라스틱은 그보다 조금 더 오래간다지만 그냥 놓아두자고 말했습니다. 또 민북지역도 연구탐방 외에는 보존하자고 하고, 접경지역은 생명에 이로운 개발을 하자고 했지요.

저는 개발을 반대하는 사람은 아니지만 그 기준이 생명에 이로워야 한다고 주장합니다. 저희 DMZ 평화생명동산을 예로 들면, 이 집은 건축가 승효상 씨가 설계했습니다. 잘 아시겠지만 승효상 씨는 비움, 빈자의 철학 등을 강조하는 분입니다.

처음 그분을 만났을 때 어떤 건축물을 원하느냐고 묻기에 "생명에 이롭게 설계를 해주세요"라고 답했습니다. 승효상 씨가 "그것이 기준이라면 참 어렵습니다" 하더니 그래도 잘해냈습니다. 승효상 씨는 뛰어난 건축가이므로 '흙에서 나와 흙으로 돌아간다'는 철학을 구현하려고 했고, 그래서 지붕이 다 흙입니다. 나중에는 태양광 발전을 설치해서 더욱 환경친화적인 건물이 되었습니다. 그리고 DMZ를 주제로 했기 때문에 단절과 소통의 공간이 만들어졌습니다.

실제로 와보면 건물 자체가 단절감이 많이 느껴집니다. 그런데도 내용적으로는 소통을 해냈습니다. 물론 휴식도 중요하니까 잠잘 곳은 소통을 안 했습니다. 집 이름도 전시관은 'DMZ는 누구인가'이고, 교육하는 곳은 '평화생명마당', 강의하는 곳은 '삼경실'이라고 지었습니다. 삼경(三敬)은 동학의 가르침인데 경천, 경인, 경물 즉 하늘과 사람과 물건을 공경하는 곳이란 뜻입니다. 특히 아이들에게 물건을 아끼고 공경하라고 말하면 의외로 잘 받아들입니다.

저는 절약이 중요하다고 생각합니다. 아프리카의 누군가가 한 얘기에 조금 더 보태서 말하면 사람은 아는 만큼 관심을 갖게 되고 관심을 갖는 만큼 아끼게 되며 아끼는 만큼 사랑하게 됩니다. 존재의 궁극적 목표나 내용은 사랑하는 것입니다. 사랑이 없으면 존재할 필요도 없고 생명도 아닙니다. 그냥 아끼는 게 아니라 사랑하기 때문에 아껴야 합니다. 전기를 사랑하기 때문에 아끼는 것입니다. 평소 버릇이 하루 이틀 만에 바뀌는 것은 아니지만 노력하면 바뀔 수 있습니다.

생명을 살리고
사람에게 이로운 일

　　DMZ 평화생명동산에는 생명살림오행동산이 있습니다. 생명을 살리고 사람한테 이롭도록 오행동산을 만들었어요. 저는 학생들이나 학부모에게 식목일 같은 때 그냥 나무만 심지 말고 제대로 알고 심어야 한다고 말합니다. 예를 들어 아이들은 온몸이 모두 튼튼해야 하지만 특히 폐가 튼튼해야 합니다. 그래서 폐에 좋은 나무를 학교에 많이 심어야 합니다. 폐에 좋은 나무로 첫손에 꼽는 것이 바로 측백나무입니다.

　　남쪽 지역에는 편백나무가 대표적인데 편백나무 숲에는 폐를 튼튼하게 하는 효능이 있어요. 서울 같은 곳에선 측백나무를 많이 심는 게 좋아요. 아이들이 '아, 우리 선생님이 우리를 생각해서 이 나무를 같이 심는구나' 하고 느끼게 해야 합니다. 그런 게 교육입니다. 우리 생명살림오행동산에는 자작나무, 측백나무, 편백나무 등을 심어놓았습니다. 그리고 나무만 심어서는 안 되니까 약초도 심는데, 폐에 좋은 대표 식물이 도라지하고 더덕이에요. 아이들이 도라지를 많이 먹으면 기관지와 폐가 튼튼해져요. 특히 감기에 걸렸을 때 그 자리에서 가르쳐주고 먹이면 산교육이 됩니다. 폐에는 흰색 채소나 과일이 좋은데 웬만한 감기는 대파뿌리 다섯 개, 배 하나, 생강 30g, 도라지 30g, 있으면 더덕까지 30g을 하루치로, 물을 넉넉히 넣어서 푹 내려 따뜻하게 차로 마시면 감기가 잘 떨어집니다. 매일 해 먹기는 번거로우니 곱하기 7을 해서 일주일 치를 만들어 냉장고에 넣었다가 데워서 마시면 좋습니다.

서울 같은 대도시에는 자동차 배기가스가 정말 나쁩니다. 그런 곳에는 가중나무를 심어야 좋은데 아파트에 산다면 특히 주목하셔야 합니다. 서울 사람들이 잘 모르고 준공필증 받으려고 잣나무 같은 것을 콩나물시루처럼 심었는데 그러면 안 됩니다. 그런 곳엔 가중나무를 많이 심어야 합니다. 평균 20년 된 가중나무 열네 그루면 우리나라 자동차 한 대가 내뿜는 배기가스 중 제일 유독한 아황산가스를 결정적으로 흡수할 수 있어요. 그래서 만약 100세대 아파트라면 곱하기 14를 해서 가중나무를 심고 그다음에 다른 나무를 심어야 맞습니다. 이처럼 환경운동을 쉽게 해야 되는데 많이들 어렵게 생각하지요.

또 나무를 심을 때는 빽빽하게 심으면 안 됩니다. 우리는 예전에 산이 황폐했을 때, 나무를 마구 심었어요. 처음 3천 평에 3천 주를 심었다면 15년쯤 지나서 반을 간벌해 1,500주 정도로 남기고 다시 10년쯤 지나 또 반을 간벌해야 합니다. 간벌을 해야 아름드리가 되고 햇빛이 땅바닥까지 들어와서 풀이 자랄 수 있습니다.

저는 국수주의자는 아니지만 뿌리는 상당히 중요하다고 생각합니다. 우리 동이족과 한족이 함께 쓰던 우주관이나 세계관은 음양오행인데 이 사상을 현대화하고 대중화하면 아이들이 훨씬 좋아집니다. 이곳 음양오행동산에 온 서양인들도 음양오행 사상에 관심을 기울이며 경청합니다.

생명살림오행동산 안에는 12사단에서 기증받은 탱크 두 대가 있습니다. 한 대는 통일호, 다른 한 대는 평화호라고 이름을 붙였습니다. 그런데 일본대사관 앞의 소녀상을 조각한 김운성 씨가 놀러왔다가 탱크를 색동옷 색으로 바꾸는 게 어떠냐고 제의했습니다. 역시 예술가들은 다르다고 감탄하며 동네 아이들, 할아버지, 군인들, 탈북자, 우리 동네로 시집 온 외국인들 50명가량 모여서 국방색 탱크를 색동옷 색깔로 칠했어요.

포신에는 북한의 나라꽃인 진달래와 남한의 나라꽃인 무궁화를 꽂아놓았고 뒤쪽에는 삼태극을 그려 넣었습니다. 또 평화호 탱크는 평화를 상징하는 하얀색으로 칠하고 우리 동이족이 태양에 사는 영원한 새라고 여겨온 삼족오를 그려 넣었습니다. 학생들에게 삼태극은 하늘과 땅, 사람을 상징하며, 이것은 남북의 통일과 자연과 사람이 하나로 통일되는 것을 뜻하는 그림이라고 설명하면 쉽게 알아듣습니다. 그렇게 큰 꿈을 품자고, 단순히 남북통일도 어렵지만 자연과 하나가 되는 게 정말 중요하다고 말하면 아이들도 훨씬 쉽게 이해합니다.

생명이라는 것은 쉽게 말해 순환입니다. 순환이 잘되면 건강한 것이고,

순환에 지장이 생기면 병든 것이고, 순환이 끝나면 죽은 겁니다. 우리가 지구상에서 볼 수 있는 상징적이고 구체적인 순환은 사계절입니다.

생명의 특징은 따뜻하다는 것입니다. 죽은 사람은 몇 분만 지나도 몸이 차갑습니다. 땅도 살아 있는 땅은 따뜻합니다. 생명은 또한 부드럽습니다. 저는 농담 삼아 목에 힘주는 사람은 반은 죽은 것이나 마찬가지라고 말합니다.

저는 몇십 년 후, 우리 후배들이 DMZ 평화생명통일교육운동을 성공시킬 것이라고 믿습니다. 성공하려면 모든 사람, 특히 동네 사람들과 함께 잘해야 합니다. 우리 사회는 선거철만 되면 출마자들이 과장된 공약을 내걸기 일쑤입니다. 우리 마을에도 인북천이란 큰 개울이 있는데 이곳으로 돛단배가 들어온다는 소문이 났어요. 서화면에 엄청난 경제적 이익이 생긴다며 땅값이 뛰고 주민들도 돈 번다는 기대에 부풀었지요.

그러나 DMZ 평화생명동산 교육마을을 조성하는데 돈 벌 거리가 있을 리 없습니다. 그래서 선거 끝나고 이웃 사람들을 초청해 "선거 때는 별별 얘기가 오갔지만 여기는 평화생명통일교육운동을 하는 곳이라 돈을 버는 곳이 아닙니다. 다만 이러저러한 원천으로 어떤 면으로는 도움이 될 가능성이 있습니다"라고 설명했습니다. 이처럼 처음부터 돈벌이는 아니라고 잘라 말해야지 허상을 심어주면 큰일 납니다. 지금도 서화 주민들 상당수는 이런 기관이 들어와 있는데 왜 돈을 못 벌지, 하고 의아해합니다.

그런 사람들과 대화를 잘해야 합니다. 좋은 얘기만 해서는 안 됩니다. 주민과 함께한다는 것은 그 모두를 분명히 꿰뚫어 알고 같이 하는 겁니다.

우리 조직의 운영 방침은 단순합니다. 첫째, 유능하고 민첩한 조직을 만듭니다. 조직을 계속 키우려는 사람처럼 미련한 사람은 없습니다. 작고 유능하고 민첩해야 합니다. 둘째, 주민을 중심에 놓고 사고하고 실천해야 합니다. 셋째, 이웃 단체와 함께해야 합니다. 마지막으로 공을 이루면 자연과 대중에게 되돌려야 합니다. 저는 이 원칙을 늘 강조해서 말합니다. 학교 운영에도 참고해보시기 바랍니다.

마지막으로, 제가 중요하게 생각하는 것인데, 운동을 하려면 정확하고 쉬운 말을 써야 합니다. 저는 진보 교육감이 당선된 후 '학생인권' 운운하는 것도 생각이 짧다고 여깁니다. 동학에서는 '사람은 하늘이다' '사람을 때리는 것은 하늘을 치는 것이다'라고 가르쳤습니다. 이렇게 쉬운 말을 두고 학생인권이라는 말을 쓰면 딱딱하게 느껴집니다. 그리고 '교사인권'이란 상대적 권리도 주장하게 되지요. 저는 진리라는 게 부드럽고 쉬운 데에 있다고 생각합니다.

후배들 중에 전교조 조합원들도 많고 위원장을 역임한 사람도 있지만 저는 후배들에게 "나는 찬반을 넘어서 생각이 다르다"고 말했어요. 왜냐하면 노동조합은 자기 노동력을 상품화해서 시장에서 더 유리한 조건을 얻으려는 조직입니다. 그런데 저는 교사는 다르다고 생각해요. 교사는 지식노동자임과 동시에 스승입니다. 노조가 된 순간부터 스승의 길은 경시되고 지식노동자의 길만 강조되는 것이기에 노조가 아니더라도 교사들이 뜻을 펼치고 잘할 수 있는 방법을 찾아보자고 했습니다.

물론 노조는 장점이 많습니다. 그러나 스승의 길을 가기 위해서는 노조의 틀 자체가 별로 어울리지 않는다고 생각합니다. 노동자들이 자기해방을 이루려면 자본가보다 훨씬 높은 품성을 지녀야 합니다. 자본가들보다 마음이 더 그윽해야 하고 공부도 더 많이 해야 합니다.

저도 농민운동을 꽤 오래했기 때문에 국내 독점자본이 농민층을 분해하고 수탈하는 것에 대한 분노가 누구 못지않습니다. 그러나 결국 우리 스스로 '아, 그놈 운동은 잘하는데 사람이 돼먹지 않았구나'라는 평가가 나오면 그건 망한 겁니다. 운동을 통해 나도 좋아지고 세상도 고쳐야지 운동은 잘하는데 사람은 틀려먹었다고 하면 그까짓 운동 왜 합니까?

운동은 가장 근본적이고 절실한 것을 추구하며 자기와 세상을 바꾸는 것입니다. 그렇게 하기 위한 조직적이고 구체적인 실천입니다. 그러니 가장 근본적이고 절실한 것이 무엇인지를 정말 자주 생각하고 공부해야 합니다. 생명과 평화가 중요한 이유도 여기에 있습니다.

Q & A
미니 인터뷰

선생님께서는 몸을 튼튼히 하는 게 가장 중요하다, 몸이 튼튼하고 마음이 좋으면 공부는 저절로 된다고 강조하시는데요. 이런 말을 들으면 '그래, 몸도 튼튼해야지' 하며 덕담처럼 듣게 되지 실제로 몸이 튼튼하면 공부가 '저절로' 된다고 생각하지는 못하는 것 같습니다. 이에 대해 어떻게 더 생각해볼 수 있을까요?

그것은 그냥 듣기 좋으라고 하는 소리가 아닙니다. 저는 문제의식을 이렇게 가져야 된다고 봅니다. 교육이라고 하면 흔히들 '지덕체(知德體)'를 이야기합니다. 하지만 저는 이것부터 아예 '체덕지(體德知)'로 봐야 한다고 생각합니다. 이것은 비단 건강해야 한다는 것을 넘어 자기 몸을 돌볼 줄 알고 자기 몸을 쓸 줄 알아야 한다는 겁니다. 덧붙여 말하자면 자기 몸의 구성이나 기능을 잘 이해하고, 나아가 자기 몸의 흐름을 자연과 일치시킬 수 있어야 합니다. 이러한 것들이 교육의 목표가 되어야 한다는 뜻입니다.

그래서 저는 앞서 말했듯이 '체'가 1번이고 그다음으로 올바른 마음을 기르는 '덕'이 두 번째로 중요하고, 그 두 가지가 잘 어우러진 바탕 위에서 '지'가 많을수록 좋다고 생각합니다. 그런데 오늘날은 '지덕체'는커녕 덕과 체가 너무 밀려나고 '지'만 남은 듯이 보입니다. 얼핏 체를 강조하는 듯 보이기도 하지만, 학교에서 좋은 점수를 받기 위해 줄 넘기도 과외를 받는다는 말을 들었습니다. 이런 세상에서는 지가 많을수록 개인의 불행이 되거나 사회적 분란의 뿌리가 될 뿐입니다. 그렇기 때문에 더더욱 지덕체가 아니라 체덕지가 되어야 한다는 겁니다.

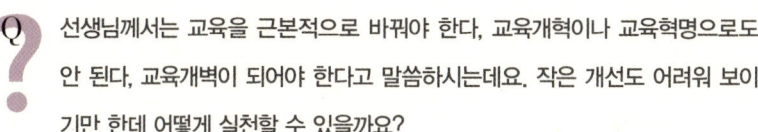

선생님께서는 교육을 근본적으로 바꿔야 한다, 교육개혁이나 교육혁명으로도 안 된다, 교육개벽이 되어야 한다고 말씀하시는데요. 작은 개선도 어려워 보이기만 한데 어떻게 실천할 수 있을까요?

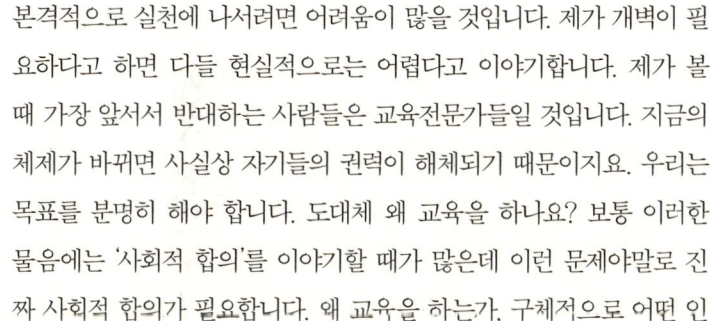

본격적으로 실천에 나서려면 어려움이 많을 것입니다. 제가 개벽이 필요하다고 하면 다들 현실적으로는 어렵다고 이야기합니다. 제가 볼 때 가장 앞서서 반대하는 사람들은 교육전문가들일 것입니다. 지금의 체제가 바뀌면 사실상 자기들의 권력이 해체되기 때문이지요. 우리는 목표를 분명히 해야 합니다. 도대체 왜 교육을 하나요? 보통 이러한 물음에는 '사회적 합의'를 이야기할 때가 많은데 이런 문제야말로 진짜 사회적 합의가 필요합니다. 왜 교육을 하는가, 구체적으로 어떤 인

간형을 육성하려고 하는가. 이 문제에 대한 답을 분명히 해야 하는 것입니다.

저는 이에 대한 답이 '한국인 세계시민'으로 길러내는 것이라고 생각합니다. 한국인의 정체성을 가지고 열린 지구촌 시민이 되어야 한다는 뜻입니다. 이것이 교육의 목표가 되어야 합니다. 왜 그런가 하면, 교육의 핵심이 존재와 관계에 대한 이해와 실천이기 때문입니다. 그래야 전인적인 사람이 됩니다. 존재를 알아야 하고 관계를 알아야 하고, 그 이해를 바탕으로 실천을 해야 합니다.

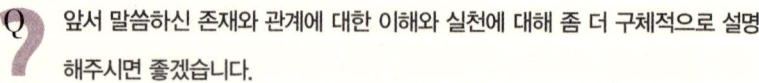
앞서 말씀하신 존재와 관계에 대한 이해와 실천에 대해 좀 더 구체적으로 설명해주시면 좋겠습니다.

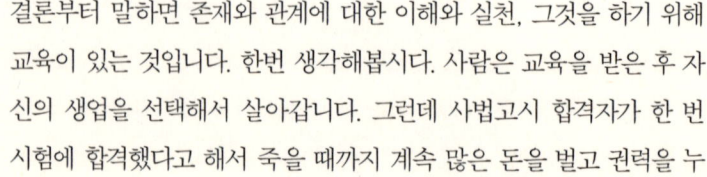
결론부터 말하면 존재와 관계에 대한 이해와 실천, 그것을 하기 위해 교육이 있는 것입니다. 한번 생각해봅시다. 사람은 교육을 받은 후 자신의 생업을 선택해서 살아갑니다. 그런데 사법고시 합격자가 한 번 시험에 합격했다고 해서 죽을 때까지 계속 많은 돈을 벌고 권력을 누

리는 게 당연한 일일까요? 존재와 관계에 대한 이해가 없는 채로 그저 시험에 합격한 사람이 평생 동안 대우받는 사회가 옳은 걸까요? 의사도 마찬가지입니다. 의사가 되는 자격을 주는 의사 고시는 의술을 사용하기 위해 기본적으로 지식과 기능을 갖춰야 하므로 일단 필요합니다. 하지만 역시 인간 존재와 관계에 대한 이해가 부족한 사람이 많다 보니 불의한 의료 실태가 많이 벌어집니다. 존재와 관계에 대한 이해와 실천이 근본이고 나머지가 기능입니다. 기능에 대해 너무 높은 점수를 줄 필요는 없는 거지요. 기능을 우선하여 그렇게 대단하게 대우를 하는 것은 본말이 바뀌었다고 말할 수밖에 없습니다.

어떤 직업을 가지고 있든 누구나 합당하게, 정당하게 땀 흘리는 만큼 대접을 하면 됩니다. 지금처럼 지식과 기능을 과하게 대우하는 것은 옳지 않습니다.

Part. 8

공간과 환경은
사람에게 어떻게 영향을 미치는가?

조
/
성
/
룡

건축은 그냥 짓고 보는 게 아니라 여기는 '무얼 해야 하지?' '왜 해야 하지?'를 먼저 생각해야 합니다. 건축이 무엇인지, 집이 무엇인지를 알아야 합니다. 어떻게 만드는가, 기초는 어떻게 세우는가, 하는 기술과 방법만 배우는 교육만으로는 부족합니다.

수십 년간 변함없는
학교 공간의 풍경

학교라는 공간은 초등학교, 중학교, 고등학교 할 것 없이 그 모습이 비슷비슷하지요. 일자형으로 모여 있는 교실과 넓은 운동장, 그 건너편에 다시 일자로 서 있는 나무들. 일제강점기 근대적 교육기관으로 학교가 세워지기 시작한 이후 수십 년간 변하지 않은 획일적인 풍경입니다. 학생들을 위한 공간이라기보다 학교를 운영하는 쪽에서 학생과 교사들의 행동을 통솔하고 감시하기 위한 구조로 보는 게 적합할 텐데요. 이런 형태가 해방 후에도 크게 바뀌지 않고 거의 그대로 이어졌어요. 그러다보니 하루의 대부분을 학교 공간에서 보내는 학생들이 만족하지 못할 뿐 아니라, 여러 가지 학교 관련 사회문제를 키워내는 데 한몫을 하고 있다고도 봅니다.

2008년 문화체육관광부에서 '문화로 행복한 학교 만들기'라는 이름으로 몇 년간 초·중·고등학교를 문화적으로 새롭게 바꾸는 프로젝트를 추진한 적이 있습니다. 학생과 교사, 그리고 지역사회의 기업이 연대하여 진행하는데, 학교 공간의 사용 주체인 학생들도 참가해 건축가들과 함께 궁리하며 학생들에게 필요한 문화공간을 만들어가는 사업이었습니다. 이러한 시도들은 크든 작든 열매를 맺고, 향후 다양한 시도를 가능하게 한다는 점에서 바람직한 일이라 생각합니다.

그런데, 획일적인 교육 공간이 왜 문제인 걸까요? 다시 말해 공간과 환경은 우리에게 어떤 영향을 미치는 걸까요? 기계를 이용한 교통, 통신, 미디어의 발전은 전자 테크놀로지와 결합하며 엄청난 속도환경을 제공하고, 컴퓨터나 스마트폰 같은 디지털 기술은 우리를 더 이상 제한된 공간에 속해 있지 않게 만들었습니다. 이러한 시공간의 변화는 우리의 생활방식과 행동 개념도 바꾸어놓고 있습니다. 이같은 이야기들을 건축의 의미, 우리나라의 건축 문화, 도시화와 건축 등의 소주제를 통해 좀 더 살펴보겠습니다.

무언가를 '짓는' 행위, 건축

'건축가'라고 하면 떠오르는 여러 가지 이미지가 있지요. 돈을 잘 번다거나 멋진 인생을 살 거라는 생각들을 많이 하는 듯한데, 실제 건축가의 삶은 그렇지가 않습니다. 이를테면 영화 〈건축학개론〉은 건축가의 삶과 전혀 연결이 안 되어 있고 다큐멘터리로 만든 〈말하는 건축가〉도 전체를 대변한다고 볼 수는 없습니다.

사실 건축가가 하는 일은 간단하지가 않습니다. 영감이 떠오르면 언제라도 작품을 만드는 화가나 조각가와는 달리 누군가가 일을 의뢰해야 모든 작업이 시작됩니다. '페이퍼 아키텍트'라고 해서 그림으로만 표현하는 것은 건축을 혼자서 한다고도 할 수 있습니다. 그러나 그나마도 일이 한가하고 다른 사정이 있을 때나 가능할 뿐, 생활인이라면 어떤 조건하에서 일을 할 수밖에 없습니다. 의뢰인들 가운데는 말도 안 되는 조건을 말하거나 어떨 때는 특별한 요청이 없을 때도 있습니다. 그런데 아무 조건도 없을 때가 가장 어렵습니다. 누군가가 비용도 얼마든지, 면적도 마음대로 쓰라고 해도 제 생각에는 좋은 건축물을 만들어내지 못합니다. 어디까지나 사회적인 여건들, 즉 여러 규정, 규범, 법률 및 경제적 제약, 집과 관련된 조건들 때문에 그 모든 것과 더러는 싸우면서 또 더러는 적응해가며 만들어 나가는 것이 건축 작업입니다. 매체에서는 건축가를 이상주의자나 로맨티스트로 묘사하기도 하는데 잘못된 생각입니다.

경주의 왕릉

이 사진은 경주입니다. 가보신 분들은 잘 알겠지만 앞에 보이는 것이 왕의 무덤입니다. 그런데 얼핏 보면 이 왕의 무덤과 뒤에 있는 산이 구별이 잘되지 않습니다. 잘 모르는 사람에게 둘 다 무덤이라고 하거나 둘 다

산이라 말해도 속기 쉽습니다.

어쩌면 신라 시대 관리들이 왕의 무덤을 만들 때 일반 무덤과는 비교할 수 없이 크게 지어야겠다고 고민하다가 무덤을 팔 현장에 저렇게 산이 있으니 산처럼 만들었는지도 모를 일입니다. 물론 오랜 시간 동안 여러 방법을 시도하며 주변 자연과 어울리는 모습을 찾다보니 점점 지금 우리가 보는 무덤으로 정착된 것일 수도 있습니다. 무덤을 짓기 위해 많은 고민을 했던 것입니다.

'건축'이란 말은 본디 우리나라 말이 아닙니다. 100여 년 전, 일본을 통해 들어온 말입니다. 그 이전에는 영조(營造) 또는 조영(造營)이라고 했는데, '무엇을 짓고 만들다'라는 뜻입니다. 우리말 '짓다'는 여러 의미로 쓰입니다. 집을 짓고, 밥을 짓고, 옷을 짓고, 시를 짓고, 심지어는 거짓말도 지어낸다고 표현합니다.

그럼에도 '짓는다'가 주는 느낌은 조금씩 다릅니다. 영어로 표현하면 무언가를 함으로써 'make'가 되는 것인데 '짓는다' 자체는 원래 의지이고 make는 수단입니다. 집을 짓는다는 것이 그렇게 간단하지 않다는 뜻입니다. 우리는 주로 내가 아닌 다른 사람을 위해 무언가를 지을 때 이렇게 표현합니다. 누군가를 위해 밥을 '짓고', 집을 '짓고', 옷도 '짓습니다'.

이처럼 건축도 '짓는' 일인데 서양의 근대 과학 사상이 들어오면서 좀 더 과학적이고 구조적으로 안전하게, 또 적은 재료로 좋은 효과를 내는 등의 의미를 담아 '건축'이란 외래용어가 사용되었지요.

옛날에는 건축가라는 직업이 따로 없었습니다. 그 일을 목수들이 했고,

사대부들도 자신들이 배운 학문을 바탕으로 집을 어디에 어떻게 지어야 할까, 생각했습니다. 그래서 '짓는다'는 말이 더 적합한데, 아마 신라 시대의 무덤도 그렇게 시작이 됐을 것입니다.

우리나라의 건축 문화

아래 사진은 성균관대학교 주변입니다. 성균관의 원래 이름은 문묘로, 공자의 위패를 모시는 사당을 말합니다. 중국에도 문묘가 있는데 조선이 천자의 나라인 중국을 사대했기에 그 문물제도를 본받아 만든 것입니다.

사진에 보이는 동네는 혜화동, 명륜동입니다. 혜화란 말은 일제강점기에 생긴 이름이고 명륜이란 말은 성균관 안의 명륜당에서 유래했습니다. 동네 이름도 원래는 숭동입니다. 저 유명한 동숭동은 숭동의 동쪽이라는 뜻으

성균관과 문묘

로 일제강점기 때 만들어진 이름입니다.

고려 말에 이성계와 조선의 개국공신들이 서울을 도읍으로 정하고 문묘를 배치했습니다. 지금은 성균관과 성균관대학교가 같이 있지요. 사진에서 앞쪽에 보이는 부분이 성균관입니다. 멀리 뒤로는 북악산 줄기가 보이지요. 성균관 중심에 있는 건물이 공자를 모시는 대성전입니다. 바로 옆에 보이는 큰 나무는 600년 된 은행나무로, 조선이 세워지고 성균관을 지을 때부터 있던 나무입니다. 오른쪽 끝에 보이는 건물이 공부하는 장소입니다. 여기에는 명륜당이라는 교실이 있고 양쪽으로 길게 동재, 서재라고 해서 학생들이 숙식하며 공부하는 곳이 있습니다.

사진의 뒤쪽으로는 성균관대학교와의 경계에 마을이 있고 길이 있는데 여기 골짜기에서 물이 흐릅니다. 또 현재의 성균관대학교 정문 앞에 있는 길이 또 하나 물이 흐르는 길입니다. 개천 두 개가 이렇게 만나 쭉 뻗어나가서 청계천으로 흘러갑니다. 두 물길이 만나는 곳에 성균관을 지은 것입니다.

후원과 창덕궁, 경복궁을 지으면서 함께 지었기 때문에 성균관은 시대적으로 굉장히 오래되었습니다. 북악산자락에 경복궁, 창덕궁, 문묘 그리고 종묘와 사직단이 세워졌는데, 특히 종묘와 사직은 국가의 기틀을 상징하는 중요한 시설입니다. 사극에서 가끔 신하들이 엎드려 '종묘사직이 위태롭습

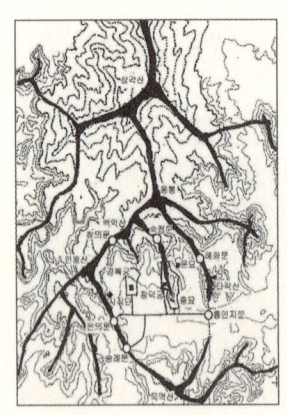
조선 초기의 도시 계획

니다' 하며 왕의 뜻을 물리는 장면이 나오는데, 그만큼 종묘사직을 잘 보존하는 것이 중요했습니다.

조선 초기의 공신들은 요즘 우리가 말하는 도시계획에 따라 성벽과 사대문을 세우고 궁궐을 비롯한 수많은 건물과 도로, 산성 등을 지었습니다. 중국의 방법을 참조하되 우리의 지형을 감안해 도시계획을 세웠습니다.

지금은 전부 자동차 도로로 덮여 있고 산들도 모두 가려져 있어 그런 개념이 있었는지 알아차릴 수가 없습니다. 그런데 지형을 알기는 어려워도 고지도를 한번 찾아보면 굉장히 재미있습니다. 종묘와 창경궁, 창덕궁, 후원이 보이고 성균관 뒤에 있는 산이 응봉입니다. 그리고 성균관을 지나는 두 개의 개천을 반수라 불렀는데 이 반수가 양쪽으로 흘러서 물이 이렇게 돌아서 쭉 청계천으로 내려갔습니다. 이렇게 산의 흐름과 물의 흐름이 한데 얽혀 있는데 우리나라의 풍수적으로 좋은 땅들은 다 그렇게 생겼습니다.

이 주변의 길들은 옛날의 길들과 현재의 길들이 굉장히 많이 겹쳐 있습니다. 아마 바뀐 것보다 그대로 이용되는 길들이 더 많을 것입니다. 실제로 이 주변을 다니다 보면 600년 전에 만들어진 길을 밟을 수도 있는데 상당히 많은 길들이 그렇습니다. 조금 경사가 졌거나 구불구불한 길은 전부 옛날 길, 새로 놓은 직선 길은 대부분 요즘 길이라고 보면 됩니다.

이런 걸 보면 서울이 역사 도시란

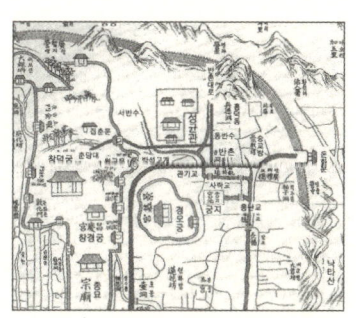

한양도 문묘 부분상세, 1902년

말에 공감할 수밖에 없습니다. 옛날 600년 전부터 변해온 것과 지금의 것들이 그대로 붙어 있으니 말입니다. 지금은 고층 건물이 올라가 모두 가려져서 전체적인 얼개를 알아차릴 수 없다지만 차를 타고 다니느라 그렇지 걸어 다니면 알아볼 수 있습니다. 요즘 많이들 하는 마을 만들기나 골목길 탐사는 바로 그런 시간의 중첩을 어떻게든지 읽어내서 그 가치를 발견하고 또 지금 우리 삶에 적용하자고 일깨우는 시도로 보입니다.

지금까지 말한 여러 자연 상태, 자연의 특질, 특별한 요소를 모두 감안하면 우리 땅이 어떤 '풍토'에 속한다고 말할 수 있을까요? 우리가 우리 땅에 대해 뭔가를 궁리할 때 이 부분이 굉장히 중요한 개념으로 작용할 수 있지 않을까 생각합니다.

우리나라는 산이 많아서 바람이 산을 넘지 못하고 부딪혀서 다시 거꾸로 내려와 더운 공기와 찬 공기가 만나는 일도 많습니다. 그러면서 굉장히 복잡한 기후를 만들어내는데 그것을 미기후(microclimate)라고 합니다. 우리나라는 날씨 변화가 굉장히 심하기 때문에 건축을 하려면 기후와 지형을 가장 기본적으로 고려해야 합니다.

도시사회의 발전에 따른 건축의 변화

유럽에서 산업혁명 이후에 산업사회가 되고, 그와 함께 점점 도시화가 진행되었습니다. 서울처럼 어마어마하게 큰 도시들도 여러 곳에 생겨났지요. 그러면서 정주(定住) 환경도 달라집니다. 결국 산업사회 이후에는 집과 거주라는 것이 무엇인지 다시 한 번 생각해봐야 합니다. 시골에서 농사짓던 시절과 다르게 사람들이 도시로 몰려들면서 일터와 집이 멀리 떨어지게 됩니다. 집과 일터가 분리될 뿐 아니라 여러 시장이나 극장 등 도시의 시설들이 들어서면서 도시사회가 생겨납니다.

그러므로 이제는 그러한 변화의 의미, 집과 집 아닌 것의 관계를 많이 생각해야 하고, 디지털 시대에서의 변화 등을 고민해야 합니다. 후기산업사회와 정보화 사회가 되면서 모든 의미가 바뀌고 있는 셈입니다. 도시의 공간이 옛날처럼 어느 한 가지 역할만 하지 않고 이렇게 쓰다가 저렇게 썼다가, 또 다르게 바뀌는 등 용도와 기능이 달라지고 도시 시설들이 굉장히 빠른 속도로 변화하고 있습니다.

더구나 도시가 점점 커지다보니 밀도가 높아지고 조금 여유 있는 사람들은 바깥으로 나가기 시작했습니다. 우리나라는 언제부터 교외로 나갔을까요? 한 30년 전부터입니다. 유럽은 벌써 60~70년 전에 교외로 빠져나갔습니다. 중산층 이상은 교외에 살고 결국 도시 노동자들만 도시에 머뭅니다. 그러면서 여러 가지 사회문제도 일어나고 문제를 해결하려는 노력도 필요해집니다. 프랑스는 도심에서 한 시간 정도 거리의 신도시에 이주민들이 많이 살면서 크고 작은 사회문제가 일어납니다. 이처럼 도시와 삶과 관련해서 우리가 예상치 못한 여러 문제들이 동시에 나타나고 있습니다. 이런 문제들도 우리 건축과 집을 생각할 때 중요한 부분이라고 봅니다.

21세기에 들어오면서 시설을 고쳐 쓰는 문제, 환경 문제, 요즘 많이 얘기하는 도시 재생, 도시의 여러 쇠락한 부분을 고쳐서 쓰는 문제도 떠오르고 있습니다. 또 옛날 것을 헐거나 옛날의 어떤 사람이나 사건을 기념하는 일이 굉장히 많습니다. 예를 들면 비극적인 세월호 사건 이후 특별법을 만들고 기념관을 세우는 등 여러 이야기가 나옵니다. 우리가 이것을 어떻게 해석하고 어떻게 도시 시설로 구현할까 하는 부분도 건축의 영역입니다. 건축이 전에는 단지 집 한 채 짓는 일이었다면 지금은 그렇게 단순하지가 않다는 뜻입니다. 굉장히 여러 개의 요소들이 결합되기도 하고 여러 분야의 사람들이 같이 작업해야 할 때도 있습니다.

모든 건축에는 이유가 있다

이 사진은 모로코의 사하라 사막 근처에 있는 마을 모습을 담고 있습니다. 토속적인 마을로, 하늘 빼고는 모든 재료가 흙뿐입니다. 콘크리트나 나무는 일체 없고 흙으로만 건물을 지었습니다.

이곳은 사막으로 변하기 직전의 초원 지역이라고 보면 됩니다. 워낙

모로코 사하라 사막 근처의 토속마을

보존이 잘 되어 있어 영화 세트로 많이 쓰이는 '와르자잣'이라는 곳입니다. 가서 보면 규모는 작지만 굉장히 많은 세대가 한꺼번에 모여 사는 도시입니다. 여행자가 하룻밤 묵고 가기도 하고, 주막도 있고, 방도 빌려줍니다. 1년에 한 번쯤 큰비가 내리면 물이 흐르는 강도 있습니다. 아주 시골로 보이지만 나름대로 사람들이 모여 생활하는 작은 의미의 도시라고 할 수 있습니다.

또 모로코에는 '페즈'라는 도시가 있습니다. 도시 하나가 모두 다 집으로 연결되어 있는데 그 연결 폭이 1.8m 정도밖에 안 되는 길이라 자동차는 물론 들어갈 수가 없습니다. 그렇게 전부 연결되어 외지 사람은 들어오면 제대로 빠져나가지 못합니다. 일종의 방어적인 기능이 있는 것이지요. 또 그 안에 있는 관청이나 모스크, 주택 사이에는 위계가 하나도 없습니다. 중심이라고 할 만한 것이 없어요. 높이 올라간 탑도 없고 요즘 우리가 흔히 보는 '랜드마크'가 없어요. 그래서 어떻게 보면 가장 민주적인 형태를 한, 우리가 앞으로 잘 살펴봐야 하는 도시로 손꼽힙니다.

페즈는 왜 이렇게 만들어졌을까요? 첫째는 도시 자체로 방어를 하려는 목적이며 둘째는 기후 때문입니다. 날씨가 워낙 더워서 이렇게 짓지 않으면 생활할 수가 없었습니다. 되도록 해를 많이 가려서 집에 그늘이 많이 지게 하려던 의도인 셈입니다. 기후가

모로코의 노시 페즈의 한 골목

미치는 영향이 매우 크다는 사실을 알 수 있습니다.

아래의 사진은 그리스의 산토리니 섬입니다. 에게 해 가운데 위치한 산토리니 섬은 20세기 초 유럽에 많이 알려졌습니다. 배를 타고 여기까지 여행한 사람들이 사진을 찍고 기자들이 신문에 내보내면서 찾는 발길이 많아졌습니다. 그렇게 100년 동안 철도와 자동차, 비행기 등 교통시설이 발달하면서 오지 중의 오지였던 산토리니가 문명 세계에 드러난 것입니다.

직접 가서 보면 신기합니다. 문명사회에는 도저히 있을 수 없는 경관이 보이고 특히 바다와 연결되어 아름답고 낭만적이어서 관광지로 각광을 받고 있습니다. 그런데 산토리니는 본래 관광지로 조성한 곳이 아니기에 배에서 내려서 경사가 급한 언덕길을 올라와야 합니다. 관광객은 대부분 조그마한 당나귀를 타고 올라옵니다. 원주민들이 자기들 생활을 위해 만든 도시라 그렇습니다. 저 밑에서 조개 캐고 고기 잡던 어부들이 오랜 기간에 걸쳐 만든 도시입니다. 그래서 외부인들 눈에 띄지 않았는데 과학이 발달하고 문명화가 되면서 발견되고 차츰 유명해졌습니다.

처음부터 계획한 도시가 아니라 섬사람들이 하나씩 짓다 보니까 앞에 집 짓고 뒷집은 약간 비껴 짓고 셋째 집은 옆을 가리지 않고 내려다보려니까 이런 모양이 됐습니다. 악산(惡山)도 이런 악산이 없는데 그 땅의 성질과 기후, 그리고 사람들의 삶이 만든 결과물입니다. 정보화 사회가 되면서

에게 해를 배경으로 보이는 산토리니 섬

소문이 많이 나고 사람들의 관심을 끌게 된 것입니다.

부산의 '감천마을'은 한국의 산토리니라고 불립니다. 사실 산토리니에 비하면 감천마을은 훨씬 올라가기가 쉽습니다. 역사도 60년 남짓이니까 산토리니와는 비교도 안 됩니다. 한국전쟁 때 부산에 피난 온 사람들이 특별한 종교 집단의 영향을 받아 자리를 잡으면서 만들어졌습니다. 그러니 완전 자연 발생적인 마을은 아니고 등고선을 따라서 집들과 길을 내도록 배치를 했습니다. 그래서 산토리니보다는 덜 자연적으로 보입니다. 그렇지만 한국에서는 흔히 볼 수 없는 건물 색깔, 파스텔 톤, 지중해 같은 느낌 때문에 산토리니와 비슷하다고 여겨집니다. 부산은 넓은 땅이 드물고 가파른 산밖에 없기 때문에 지형을 따라 지었다는 것은 분명히 알 수 있습니다.

부산의 감천마을

도시는 어떻게 만들어지는가

한국의 지형은 평지보다 산지가 대부분입니다. 아래의 내동어지도를 보면 까만 것이 다 산입니다. 오른쪽 아래쯤에 두 개의 물이 만나는 곳이 두물머리입니다. 한강은 북한강, 남한강이 만나서 강화도로 나가지요. 지도에서 산 사이로 나 있는 게 죄다 물길입니다. 그것들이 내려와서 모여 있는 게 우리나라의 땅입니다. 대동여지도를 보면 금방 산세와 물길을 알 수 있는데 현대의 지도는 자동차 도로 위주로 되어 있기 때문에 이런 지형을 눈치채기가 힘듭니다. 그래서 우리가 살고 있는 땅의 지형이나 성격을 모를 수밖에 없습니다. 저는 어떤 도시로 처음 출장을 갈 때 대동여지도를 먼저 보고 갑니다. 그만큼 대동여지도는 지형을 이해하는 데 최고의 지도이며 대단한 가치가 있습니다.

서울의 관광지도를 보면, 강남 강북은 확실히 알겠는데 그런 지형이나 한강의 흐름에 대해선 별로 연상되지 않습니다. 굉장히 각도를 묘하게 틀어서 강이 굽이쳐서 흐르는 모습인데, 실제로 그렇습니다. 원래는 이보다 더 구불구불했는데 전두환 대통령 때 직강하천으로 만들어버려서 생태적으로도 문제가 있고 경관도 안 좋아졌습니다.

대동여지도. 김정호, 1861년

우리나라 하천의 모양은 뱀처럼 구불구불해서 물이 흐르다가 여기저기 부딪히면서 자연적인 경관을 만들어냈는데 지금은 그런 게 하나도 안 드러납니다. 원래 우리가 갖고 있던 땅의 특질을 전부 없앤 도시계획이고 경관계획이라고 할 수 있습니다.

아래의 사진은 조선시대에 지방 곳곳에 많이 세웠던 유교의 본거지, 서원입니다. 서울에 성균관이 있다면 지방에는 서원이 있었습니다. 서원은 대부분 산기슭에 자리하는데 조금 올라가면 계단 놓고, 조금 평평한 데에는 약간 언덕으로 올라가고 중간에 석축을 쌓았습니다. 그다음 마당 지나 또 석축 쌓고 그다음에 조그마한 문 열고 그다음 마당을 만드는 식으로 계속 올라가면서 석축을 쌓았습니다.

저는 이것이 굉장히 중요하다고 보는데 지금은 많이 없어졌습니다. 요즘은 평창동, 성북동 이런 데 가면 부자들이 경사진 집을 지으면서 주차장을 지하에 넣고 땅을 더 많이 쓰기 위해 높게 석축, 옹벽을 쌓습니다. 석축을 쌓은 이유는 산에 돌이 많아서입니다. 옛날에 논농사가 많았던 것도 중요한 이유가 됩니다. 밭농사만 짓는다면 이럴 필요가 없었을 것입니다. 논은 수경재배라 물이 흘러나가면 안 되니까 평평하게 해야 하기 때문입니다. 지금도 곳곳에 흔적이 남아 있는데 등고선을 따라 구불구불한 논두렁으로 만든 남해의

안동 노산서원

다락논이 대표적입니다. 옛날에는 산지에 논을 만들 때 모두 그런 모양이었는데 지금은 찾아보기가 힘들 정도로 많이 없어졌습니다.

1970년대에 대통령이 새마을운동 한다고 초가지붕을 슬레이트로 바꾸면서 색깔까지 원색을 정해 다 바꿔버렸습니다. 농촌의 풍경이 송두리째 없어지고 말았습니다. 저는 정치로 사람을 괴롭히는 것도 죄악이지만 이처럼 국토를 바꾸는 것도 엄청난 죄악이라고 생각합니다. 더구나 오랫동안 지켜오던 우리의 고유한 문화와 전통을 바꾼 것은 돌이킬 수 없는 만행이라고 생각합니다.

이제 이런 문화유산 등을 찾아서 자세히 눈여겨보면 이해가 될 것입니다. 만들어놓은 것, 정교한 것, 장식적인 것, 이런 것도 물론 중요하지만 집을 어디다 어떻게 배치했는가, 어떻게 놓았는가, 무슨 원리로 집을 거기에 두었는가, 그다음에 집을 둘 때는 도대체 어떤 생각을 했는가를 추측해보면 이해가 쉽습니다.

아래의 사진은 안동의 봉정사에 있는 영산암으로, 영화 〈달마가 동쪽으로 간 까닭은?〉을 찍은 곳입니다. 계단을 가파르게 올라가서 암자 마루, 대청마루에 앉아서 보면 앞에 있는 산들이 보입니다. 창이 없고 그저 마루뿐이라 여름에는 괜찮은데 겨울엔 굉장히 춥습니다.

집을 왜 이렇게 지었을까, 문을 달아 막아야 덜 추울 텐데 왜 두꺼운

안동 봉정사 영산암

나무문을 달지 않았을까 궁금해집니다. 만약 일제강점기 같으면 일본인 어용학자들이 너희 조상이 기술이 없어서, 게을러서, 돈이 없어서 이렇게 지었다며 거짓된 논리를 내세울 수도 있을 것입니다. 하지만 그게 아니라 일부러 만들지 않았습니다.

이곳은 여름에 쓰는 공간입니다. 여름에 쓰는 공간은 창도 없고 밑에는 나무입니다. 온도 차가 큰 기후 때문에 여름과 겨울 공간을 함께 쓸 집을 못 지으니까 따로따로 만든 것입니다. 지금처럼 냉방과 난방이 쉽지 않고 불을 때려면 나무를 땔 수밖에 없었던 시대였습니다.

그래서 아예 차게 쓰는 공간과 따뜻하게 쓰는 공간을 나누었습니다. 이렇게 나눠서 지으니까 자연과 거의 일대일로 내가 자연 속에 들어가는 느낌이 드는 것입니다.

동남아시아의 심포지엄에 참석하면 각국의 건축가들이 자기 나라 건축의 문제점과 좋은 점을 다 얘기합니다. 그런데 동남아시아 건축가들은 항상 냉방을 우선으로 이야기합니다. 우린 냉방과 난방을 동시에 해결해야 하니 일이 훨씬 힘들 수밖에 없습니다.

물론 지금은 과학기술로 이를 보완하지만, 에너지도 많이 들어가고 집도 많이 상합니다. 집을 짓고 3년이 지나면 어느 집이든지 물이 샙니다. 그럼 다들 건축가를 욕합니다. 우리나라와 같은 환경에선 낭연히 비가 샐 수밖에 없습니다. 오히려 안 새면 이상할 상황입니다. 여름엔 뜨거웠다가 겨울엔 춥고, 그렇게 계절을 겪으면 재료들을 결합해놓은 것이 전부 늘었다 줄었다 하면서 빈틈이 생기고 그런 곳으로 빗물이 새는 것입니다. 그러니 어떻게 하면 비가 덜 샐 수 있고 만약 빗물이 새더라도 쉽게 고칠 수 있는 방법은 무엇인지 고민해야 합니다. 산업사회가 되고 도시가 커지면서 여러 가지 해결해야 할 문제가 많습니다.

지역과 거주민의 삶이
건축을 통해 표출되다

아래의 사진은 1915년의 아주 유명한 사진인데 폴 스트랜드(Paul Strand)라는 미국 사람이 월 스트리트(Wall Street)를 찍은 모습입니다. 월 스트리트는 당시부터 뉴욕의 증권 금융 시장을 좌우하던 '신전'이라 할 수 있습니다. 이 사진을 찍기 1년 전인 1914년 제1차 세계대전이 일어납니다. 유럽과 미국의 역사는 제1차 세계대전 이전과 이후로 엄청나게 바뀝니다.

사진에 보이는 이들은 부두 노동자들입니다. 아침에 일을 하러 가려면 이 월 스트리트 앞을 지나가야 하는 사람들입니다. 돈의 신전 앞을 돈 없는 부두 노동자들이 일하기 위해 꼭 지나쳐야 하므로 이 사진은 산업시대의 어떤 시작을 말하고 있습니다.

월 스트리트(Wall Street), 폴 스트랜드(Paul Strand), 1915년

카메라가 발명되고 사진을 찍으면서 사람들이 사물을 보는 시각이 달

라졌습니다. 처음에는 카메라를 삼각대 위에 세운 후 검은 보자기를 뒤집어쓰고 찍었고 이동도 힘들었습니다. 그러다 지금과 같이 휴대할 수 있는 카메라가 라이카에서 나오고 너도나도 카메라를 들고 도시로 나가게 됩니다. 이전에 비해 다양한 각도와 높이에서 사진을 찍기 시작합니다. 한마디로 눈이 뜨였습니다. 그래서 이런 사진이 남아 있는 것입니다. 작품으로도 우수한 사진이지만 도시를 보는 시각이 달라졌다는 것과 도시를 사진으로 기록하게 된 새로운 시대를 알리고 있습니다.

영화도 마찬가지입니다. 〈모던 타임즈〉가 상영된 게 1936년쯤입니다. 기계 산업사회가 되고 공장으로 출근해 돈을 벌고, 자본지주, 공장주와 노동자들, 그런 사람들의 관계와 사회의 여러 가지 변화들이 이때부터 화제가 되기 시작합니다. 그렇게 유럽에서는 150년 동안 어마어마한 변화가 일어났습니다. 이를테면 과거의 미술관이 우아한 귀부인들이 전혀 일할 것 같지 않은 옷차림으로 오는 곳이었다면 이제는 누구나, 언제든 갈 수 있는 시설로 자리 잡게 됩니다.

그 거의 초기 작업이 퐁피두 미술관입니다. 그전에는 대영박물관, 루브르박물관 또는 미국의 메트로폴리탄처럼 궁전이나 귀족의 저택 등 다른 용도의 건물인 것을 미술관으로 썼는데 마침내 전용 미술

Steps, 알렉산더 로드첸코(Alexander Rodchenko), 1930년

관이 생긴 것입니다. 당시 새 미술관 공모전에서 당선된 안은 정유공장 같은 모양이었습니다. 파이프로 된 복잡한 구조물이 고전적인 도시인 파리에 들어선 겁니다. 그때 시민들의 반응은 서울 동대문디지털플라자(DDP)를 보는 한국인들 정도가 아니었습니다. 이런 것도 건물이냐며 항의 여론이 들끓었습니다.

그렇지만 퐁피두는 사람들이 보는 시각, 도시 시설을 쓰는 생각을 바꿔 놓기 시작합니다. 퐁피두를 설계한 사람은 미술관의 주인공이 작품이라고 주장했습니다. 작품을 어떻게 전시하고 소장하는가를 중요하게 여겼던 것입니다.

그래서 건물 가운데가 전시장이고 그다음 층은 전시장의 수장고로 지었는데, 바로 위에 수장고가 있는 셈입니다. 위에 작품들을 쭉 매달아 수장을 하다가 쭉 내려놓으면 전시가 됩니다. 수장고가 따로 있는 미술관이 아니라 전시하는 방법이 달라진 것입니다. 그러다보니 에스컬레이터 등의 시설들이 전부 바깥으로 나와 있고 안에는 기둥이 없는 넓은 공간으로 만들어졌습니다.

사실 가장 중요한 것은 생각이 바뀌는 데 있습니다. 사람이 많이 모이는 이런 도시 시설이 늘어나니까 결국은 인간을 위해서 무언가 하게 됩니다. 미술관은 물론 유료지만 점점 생각이 달라지면서 돈 많은 사람만

퐁피두센터(Centre Georges Pompidou), 렌조 피아노(Renzo Piano), 1977년

이 아니라 누구에게나 열려 있는 무언가를 구상하기 시작합니다. 그래서 여기에 미술관에 딸린 광장을 만드는데, 이 광장을 극장처럼 만듭니다. 경사가 져 있으니 편하게 앉아 있기가 쉽습니다. 대부분 미술관에 와서 두 시간 돌다 보면 다리 아프고 관광객들은 쇼핑백 들고 다니다가 지쳐 있기에 광장에 나와 드러눕는 사람이 많습니다.

이곳에서는 불을 뿜거나 팬터마임을 하거나 간단한 연극을 하는 등 끼 있는 사람들이 모입니다. 사람 사이에 관객과 배우 같은 관계가 생깁니다.

일부러 이런 극장을 지었다기보다는 전시장이 아래층까지 내려가 있으니까 입구를 지면의 한 층 아래로 내리면서 생긴 경사로 그와 같은 효과를 만들어낸 것입니다. 알고 보면 이탈리아 플로렌스 근처에 있는 시에나의 옛날 중세시대 광장의 모습을 그대로 이용한 것으로 역사와 도시의 변화, 이 모든 것이 사람들의 생활과 맞아 떨어진 셈입니다.

네덜란드의 로테르담에 있는 쿤스트할 미술관은 강당과 레스토랑이 바깥에 드러나 있습니다. 이 가운데 건물 밑으로 도로가 지나가고, 건물은 뒤에 있습니다. 이런 식으로 도시에 있는 시설들이 점점 옛날처럼 단순한 목적 하나만이 아니라 여러 가지 생활들이 연결되어 복합적으로 바뀌고 있습니다.

'쿤스트할'이란 소장품이 없는 미술관으로, 기획만 해서 대여를 많이 해옵니다. 그런데 지난번에 큰 도둑이 들어서 피카소 그림을 굉장히 많이 잃어버리는 바람에 크게 화제가 되었던 미술관입니다. 우리나라의 미술관 '리움'을 설계한 건축가의 초기 작업이고 개인적으로 렘 쿨하스의 건물 중

쿤스트할(Kunsthal),
렘 쿨하스(Rem Koolhaas), 1992년

에서 가장 좋아하는 곳입니다.

네덜란드는 땅이 바다보다 낮습니다. 네덜란드에서 제일 높은 지형이 해발 200m라고 합니다. 우리나라 지형과 완전히 반대인 셈입니다. 네덜란드는 매립해서 땅을 만들고 가장자리에 둑을 쌓아서 물이 더 들어오지 않게 했습니다. 이 과정에서 암스테르담 근처 바닷가에 고속도로처럼 되어 있는 둑 옆에 땅이 하나 생겼는데, 이곳을 어떻게 활용할지에 대해 공모로 당선된 안이 스트라이프 모양이었습니다. 잘 어울립니다.

중요한 것은 이 재료가 조개껍데기라는 점입니다. 바닷가니까 어촌마을에서 먹다 남은 조개껍데기로 다 깔고 나니 나중에 새들이 찾아와 자세히 지켜보니까 짙은 색의 새는 검은 데 앉고 흰 색의 새는 밝은 데 앉더랍니다. 우리 용산공원을 설계한 조경 팀의 작품이었습니다. 조개껍데기는 일반적인 건축재료가 아니므로 이것이 조경 작업인가, 생태적인 실험인가, 환경 작업인가, 성격이 굉장히 애매합니다. 아마 아티스트가 보면 '랜드 아트'라 하겠지요.

랜드 아트 분야는 1960년대부터 미국을 중심으로 활발하게 시작되었습니다. 말 그대로 땅을 재료로 예술 작업을 하는데 우리나라는 땅이 좁고 나무로 가득 차서 랜드 아트를 하기가 어렵습니다. 미국 같은 곳은 땅이 넓고 지형 변화가 많으니까 여러 가지 작업을 할 수 있는 토양이 됩니다.

암스테르담 근처 바닷가의 경관 디자인 작업, 웨스트 8(west 8), 1992년

스페인의 바르셀로나는 올림픽을 준비하면서 도시를 잘 가꿔놓았습니다. 제가 좋다고 생각하는 곳은 두 군데입니다. 하나는 양궁장으로 가는 도로의 아스팔트에 패턴을 만들어서 마치 그림처럼 칠한 부분이고, 다른 하나는 대학 캠퍼스의 아스팔트에 만든 두 개의 콘크리트 부조물입니다. 캠퍼스 위에서 내려다보면 보이는데 학생들이 앉아서 쉬는 벤치 같은 조형물입니다.

바르셀로나는 가우디, 후안 미로, 피카소 등을 배출한 예술 도시입니다. 피카소의 유년기 작품을 소장한 근사한 미술관이 바르셀로나에 있는데 엄청나게 많은 스케치를 소장하고 있습니다. 어쨌든 이 세 사람을 대표하는 도시가 바로 바르셀로나입니다. 바르셀로나는 올림픽 때 이들을 적극 활용했습니다. 서울은 올림픽을 준비하며 돈만 쓰고 문화적인 아이덴티

바르셀로나 올림픽 당시의 도시 정비. 1992년

를 찾지 못했지만 바르셀로나는 유럽의 삼류 도시였다가 지금은 문화적인 면에서 거의 일류 도시로 올라갔습니다.

아래 사진은 보르도에 있는 생 제임스 호텔입니다. 보르도 하면 와인이 떠오를 것입니다. 그래서 옆으로 퍼져 있는 2, 3층짜리 낮은 건물을 지으면서 건물을 전부 띄어놓고 창문을 모두 포도밭 쪽으로 냈습니다. 포도밭의 주인이 요리 솜씨가 좋은지 식당을 차려서 사람들이 굉장히 많이 옵니다. 음식은 맛있는데 도심에서 너무 떨어져 있으니 파리에서 오는 사람들이 숙박할 곳이 필요해지자 주인이 조그마한 호텔을 지은 것입니다.

당대 제일 잘나가는 건축가인 장 누벨이 초기에 별로 유명하지 않을 때 만든 작품입니다. 포도밭이라는 경작지를 조경 요소로 쓴 아이디어가 기가 막힙니다. 포도밭에 붙어 있는 호텔이니 숙박객에게 가장 흥미 있는 요소가 포도밭 아니겠습니까? 그래서 객실의 침대가 대부분 포도밭을 향해 있고 침대에 엎드려 있으면 포도밭이 창문 바깥에 쫙 펼쳐집니다.

이처럼 건축은 그저 멋진 집을 만드는 것이 아니라 땅과 기후 및 지역의 여러 문화적 특성을 결합하여 만들어내는 일입니다. 물론 여기서는 특별한 몇 가지만 소개했지만 고려 요소들은 굉장히 많습니다.

목적이 같다고 해서 호텔이나 미술관의 모양이 다 똑같은 것이 아니라 지역과 거주민들의 삶이 건축을 통해 표출되는 것입니다. 이것이 지금

생 제임스 호텔(Saint James Hotel), 장 누벨(Jean Nouvel), 1989년

시대에, 더구나 정보화 사회에서는 가장 중요한 가치가 되어가고 있습니다.

집이란 무엇인가, 어떻게 살아야 제대로 사는 것인가

건축이 지역, 기후, 지형에 따라 다르다고 하면, 우리에게 가장 가까운 '집' 문제부터 생각을 해보면 좋을 듯합니다. 집은 건물이자 공간인 집 자체도 의미하지만, 거주라는 개념도 포함합니다. 많은 철학자들이 거주, 주거의 중요성에 대해 강조했습니다.

특히 요즘의 도시 주택은 아파트건 아니건 간에 같이 붙어서 한데 모여 살기 때문에 이 문제를 구별해야 합니다.

집이란 저마다의 인생과 관련이 깊습니다. 저는 일본에서 태어나 서울에서 자라다가 한국전쟁 때 피난을 떠나 1951년부터 1962년까지 부산에서 살았습니다. 지금도 가장 크게 자리한 기억이 11년 동안 살았던 부산입니다. 처음 살았던 집은 부엌 하나에 방 하나, 마루 하나가 전부였습니다. 여기서 여섯 명이 살다가 초가집을 하나 사서 방이 두 개에 다락도 있는 집에서 살았습니다.

얼마 후 그 집을 헐어내고 새 집을 지었는데 제분공장의 기계 설계를 하셨던 부친이 직접 집을 설계하셨습니다. 옆에서 그 모습을 들여다보면서 설계를 저렇게 하는 것이구나 하고 큰 체험을 한 기억이 지금까지도 생생합

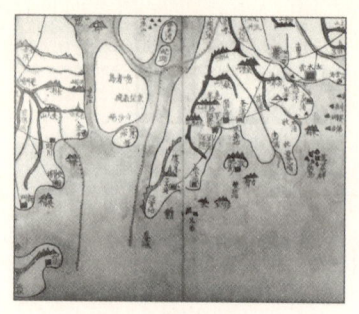
피난 가서 살았던 부산의 고지도

니다. 지금까지도 저의 꿈에 등장하는 집은 꼭 부산의 집입니다. 그러니까 집이란 꼭 칸만 있다고 집이 아니라 들어가고 나가고 마당도 있고 해야 집이지 다 똑같은 기억으로 남는 것은 아닌 모양입니다. 이처럼 나이 든 사람들은 저와 비슷한 기억이 있습니다. 그런데 아파트에서 태어나고 자라온 요즘 젊은 사람들에겐 집에 대한 기억이 특별히 없을 것이고 그림도 그리기가 힘들 듯합니다. 집이라 하면 그저 몇 평짜리 설계도만 떠오르는 현실이 그래서 안타깝습니다.

1950년대 영화 〈도쿄 스토리〉는 농촌과 도시가 분리되면서 젊은 사람들이 모두 도시로 가서 일하고 노인들은 농촌에 남아 가족 간의 문제, 공간이 만들어내는 가족의 문제, 도시의 문제를 정말 잘 그려낸 영화입니다. 제작 당시 우리나라는 전쟁통이었으니까 이런 생각 할 겨를이 없었지만 지금 이 영화를 다시 한 번 보면 우리도 그런 시대를 지나왔기에 좋은 참조가 될 것입니다.

또 같은 감독이 만든 〈굿모닝〉이란 영화가 있는데, 영화에 가전제품이 등장합니다. 일본에 가전제품이 들어온 것은 1950년대 이후로 텔레비전, 냉장고, 세탁기를 3대 가전제품이라 했는데 모던 하우스의 필수품이었습니다. 〈도쿄 스토리〉 때까지는 가전제품이 없었는데, 이때에 가전제품들이 들어오면서 일어나는 문제들을 다루고 있는 영화입니다. 예를 들면 텔레비전이 동네에 어느 한 집만 있어서 동네 애들이 모두 보러 와서 레슬링 시합 같은 것을 함께 보는 겁니다. 그러면서 동네에 변화를 일으키는 때를 그렸는데 굉장히 재미있습니다.

우리 영화 〈플랜더스의 개〉는 봉준호 감독의 2000년 작품입니다. 저는 영화의 배경으로 나오는 긴 편복도로 되어 있는 아파트를 좋아합니다. 요즘은 편복도가 귀하지만 1980~1990년대에는 주종이었습니다. 지금은 건설회사가 편복도를 좋지 않은 것으로 유도해버려 거의 사라지고 말았습니다. 편복도는 일반 고층 아파트에서도 이웃 간의 관계가 성립되는 좋은 장치지요. 그런 점에서 저한테는 좋은 텍스트입니다. 대학원에서 주거에 대한 세미나를 했는데 디자인과를 전공하는 학생이 와서 듣고 자기가 한 학기 동안 배운 것 중의 하나가 편복도인데 실제 가보니까 사람이 보이더라며 거긴 정말 사람 사는 것 같더라고 말하기도 했습니다.

합정동 주택, 조성룡도시건축, 1986년

제가 말하는 도시주택은 그냥 도시에 짓는 집을 뜻하는 게 아닙니다. 엄청나게 큰 건물들이 있고 기차, 지하철로 매일 도시를 이동하는 곳에서 집이란 도대체 무엇인가, 생각해보자는 것입니다.

사진에 보이는 집은 1980년대에 제가 서울 합정동에 지은 집입니다. 그때 도시에 정해진 필지에 집을 짓는다는 게 무엇인가 고민해봤습니다. 이 집의 옆은 전부 다 주택과 길로만 되어 있고 나머지는 경사가 져서 차고를 만들 수 있었는데 불행하게도 이 집이 북향입니다. 우리나라에선 북향집이 별로 대접을 못 받습니다. 그만큼 향(向)에 대한 인식이 굉장히 중요합니다. 북향이 실제로 안 좋다기보다 인식이 그렇습니다. 그래서 극복하려고 궁리를 많이 했습니다. 도시다 보니 집의 방향을 마음대로 할 수가 없었습니다.

집주인이 콘크리트 회사 사장이었습니다. 그래서 콘크리트로 집을 지어보자고 만용을 부렸다가 혼쭐이 났습니다. 공사품질이 나빠서 나중에 주인이 페인트로 칠해버렸습니다. 어떤 재료를 어떻게 쓴다는 생각을 미처 하지 못한 것입니다. 아무튼 이것이 우리나라에서 가장 먼저 노출 콘크리트로 지은 주택입니다. 마당이 가운데에 있고 집이 'ㄷ' 자로 되어 있는데 아무리 좁아도 햇빛을 집어넣지 않으면 안 되기 때문에 그런 구상을 했습니다. 그래서 북향집인데도 내부에 들어가면 굉장히 밝습니다.

그 뒤 1980년대의 도전이 시작됩니다. 1980년대는 모두 올림픽을 향해 뛰면서 그 시대의 이데올로기로 작동했습니다. 올림픽 주경기장을 1982년에 지었으니까 올림픽 하기 전부터 분위기가 그랬습니다. 올림픽에 맞춰서 여러 경기장과 잠실야구장을 지었고 그 뒤에 저는 아시아경기대회 선수촌을 지었습니다. 올림픽은 1988년이고 2년 앞선 1986년에 아시아경기대회가 열렸습니다.

그 후 강남, 부산 등 여러 곳에서 아파트, 빌라, 주상복합과 같이 다양한 주거 건축물을 설계했는데 모두 우리나라에서 처음 시도되는 주거 형태라 고민도 많았고 시행착오도 있었습니다.

무엇보다 사람들이 제대로 살 수 있는 집을 지어야겠다는 고민이 컸습니다. 우리는 제대로 살 줄 알아야 합니다. 집을 짓기 전에 사는 방법을 알아야 합니다. 어떻게 사는 것이 제대로 사는 것인지를 알아야 합니다. 그래야 집을 지을 수 있고, 집을 지어야 인간이 되는 겁니다. 인류 역사가 그래왔습니다.

아시아선수촌아파트 일대 항공사진

그런데 여태까지, 특히 서울의 강남 개발을 보면 완전히 거꾸로 가는 것이 아닌가 싶습니다. 사람과 집의 관계에 대한 고민이 하나도 보이지 않습니다. 사는 게 아니라 돈 때문에 살고 있는 듯 보입니다.

집이란, 특히 도시에서는 아주 친밀한 요소와 낯선 요소 두 개가 다 있어야 합니다. 아주 친밀해서만도 안 되고 낯선 면도 있어야 합니다. 이런 요소를 동시에 갖춰야만 어릴 때부터 그런 것을 체험하며 인간으로 자랍니

부산 해운대빌리지, 조성룡도시건축, 1994년

도곡동 우성캐릭터빌, 조성룡도시건축, 1997년

조안리 주말 주택, 조성룡도시건축, 2006년

다. 그러나 지금 우리에겐 한 가지밖에 없습니다. 못 사는 사람에겐 낯설게 하고 잘 사는 쪽에게만 친밀한 환경을 만들어내고 있습니다.

그래서 사회에서 살아낼 수 있는 힘을 갖지 못하는 것입니다. 정주(定住)하는 것과 유목은 다릅니다. 우린 정주해야 하지 않습니까. 그나마 유목민이 중요하게 생각하는 가치도 제대로 갖추지 못하고 일부를 접목해서 엉망진창이 되고 맙니다. 의식적인 세계가 우리 세계와 공존해야 하는데 모두 획일화되어 가고 있으니 문제입니다. 각자 지식으로 모든 것을 알 뿐 자기 체험은 없으니 거기서 괴리가 생기는 것입니다.

바슐라르는 다락과 지하실을 애기합니다. 제가 어려서 부산의 초가집에 살 때 집안에 남자가 아버지와 저밖에 없었습니다. 아버지가 출타라도 하게 되면 제게 모든 궂은일이 옵니다. 다락에 놓은 쥐약 때문에 죽은 쥐를 버리는 것도 모두 제 몫이었습니다. 그때 우리 집엔 지하실이 없었는데, 만약 그런 곳에 지하실이 있다고 상상해보면 아버지 심부름으로 지하실에서 물건이라도 갖고 나올 때 뒤에서 잡아당기는 느낌이 있지 않았겠습니까? 낯선 장소의 지하실에 내려갈 일이 있으면 그런 기분이 들게 마련입니다.

그런 요소들이 공존해야 한다는 말입니다. 집에 그런 요소들이 다 있어야 균형이 잡히는데, 어릴 때 부모의 눈을 벗어나 편하게 도망갈 수 있는 다락은 법으로 금지했고 지하실은 한창 방공호로 만들었다가 요즘은 만들지 않고 있습니다. 이런저런 이유로 거주에서 생기는 문제가 심각합니다.

건축에 대해
어떻게 가르칠 것인가

이제 결론을 말씀 드리자면 건축은 무작정 짓고 보는 게 아니라 여기는 '무얼 해야 하지?' '왜 해야 하지?'를 먼저 생각해야 한다는 것입니다.

중학생이 보는 건축에 대한 유일한 교과서에도 건축이 무엇인지, 집이 무엇인지에 대한 이야기는 없습니다. 어떻게 만드는가, 기초는 어떻게 세우는가, 하는 기술 혹은 방법만 나옵니다. 교육이 하나도 안 되어 있으니 그런 시각으로 보면 우리 한옥 같은 집은 불편하기 짝이 없는 집입니다. 더구나 그런 개념으로 보면, 한옥은 과학적이지도 않고 실용적이지도 않기 때문에 왜 조선시대에 한옥이 생겨났는지 이해를 할 수가 없습니다.

도시란 그냥 만들어질 수 없습니다. 그동안 무조건 때려 부수고 했던 과거가 큰 화근으로 돌아올 수도 있습니다. 이전과 달리 앞으로는 빚을 내서 집을 사면 안 되는 시대가 되고 있습니다. 그럼 어떻게 해야 할까요. 우리에게 소중한 것을 찾아야 합니다. 멀리 갈 필요도 없습니다. 우리나라만 열심히 찾아봐도 엄청나게 많습니다.

감천마을 같은 마을들은 돈을 번다는 시각에서 바라보면 안 됩니다. 그냥 우리의 생활입니다. 우리는 앞으로 그걸 쥐고 있어야 하며 버린 것에 대해 나중에 상당히 힘들어 할 날이 올 수도 있습니다.

실제 있는 것을 잘 지켜야 합니다. 예로 들면 북촌을 흥미가 없게 만들어놨기 때문에 망가졌습니다. 서촌도, 지금 이화동도 마찬가지입니다. 관광화가 되면 안 될 수밖에 없습니다. 정치하는 사람들이 주로 추구하는 것은 관광 명품, 명소 만들기입니다. 그런데 그런 것들 만들면 망하는 길로 들어서게 됩니다. 산토리니처럼 끈질기게 자기들 나름대로 살아온 방식이 훗날에 명소가 되어야 하는 것이지, 억지로 명소를 만들면 안 됩니다. 관광객은 일시적일 뿐 몇 년 지나면 그곳은 모두 망가집니다.

동네에서 사람이 떠나면 그 동네는 없어질 수밖에 없습니다. 사람이 살아야 관광객들이 찾아오고 물건도 사고 활성화되는데 지금은 원주민이 모두 떠나게끔 정책을 펴고 있습니다. 사회가 어떤 지표를 정확하게 설정해주어야 하는데 책임지는 데가 없습니다. 관심 가지는 언론도, 건축가도, 정치하는 사람도 적으니까 돈의 논리에 넘어갈 수밖에 없는 것입니다. 결국 동네 사람 모두 떠나고 집값은 다 오르고, 마지막에 비싼 값 주고 집을 산 사람만 어쩔 줄을 모르게 되는 겁니다.

학교를 가꾸는 일의 의미

다시 학교 공간으로 돌아와서 이야기를 마무리하겠습니다. 획일적이고 일방적인 그동안의 교육 환경을 벗어나 다양한 교육 방법, 자유로운 발상을 기대하려면 어떤 생각이 있을 수 있을까요?

먼저, 학교의 기본 단위가 되는 교실 공간의 크기나 배열이 필요에 따라 조정되어야 합니다. 교실이 꼭 남향일 필요는 없습니다. 교실에서는 충분한 채광과 환기가 중요합니다. 이를 위해 천창이나 고창을 둘 수도 있겠지요.

학생들에게 학교는 즐거움과 기쁨, 슬픔과 힘듦을 함께 경험하는 중요한 공간입니다. 오히려 볕이 잘 드는 남쪽 빈 곳에 복도를 겸한 넓은 공간을 만들면 어떨까요. 수업시간 외에 학생들이 자유롭게 책을 읽거나 쉴 수 있도록 따뜻한 느낌의 나무로 만든 벤치와 책장 그리고 간단한 수납가구도 있는 라운지 같은 분위기 좋은 생활공간이 있다면 학생들에게 환영받지 않을까요. 교무실도 지금처럼 닫힌 공간이 아니라 칸막이를 조금만 사용해 교사와 학생들이 열린 마음으로 만나는 공간이었으면 좋겠습니다.

체육관이나 도서관 같은 공간을 지역사회와 연계된 복합 커뮤니티 공간으로 활용할 수 있도록 시설을 배치하는 것도 좋을 것입니다. 가능하면 학교 주변의 녹지와 연결해 열린 학교로 만드는 일도 중요합니다. 등·하굣길의 풍경은 대부분의 사람들에게 일생동안 선명한 기억으로 남아 있습니다.

학교는 졸업생과 교사, 학부모뿐 아니라 지역 사람들의 추억이 집약된 장소입니다. 학교의 역사와 전통과 더불어 지역의 문화를 이어갈 수 있는 곳이기도 하지요. 오래된 교실 일부를 활용해 의미 있는 장소를 남겨두고 나이 많은 나무를 잘 보존하는 일이 매우 중요합니다. 학교를 가꾸는 일은 학생들과 교사들, 그리고 사람들이 생활하는 그 지역을 가꾸는 일입니다.

Q & A
미니 인터뷰

Q 얼마 전 유럽에서 건축을 공부하는 친구 이야기를 들었어요. 유럽에는 '지역'을 기반에 두고 일하는 건축가들이 많아서 소개를 할 때도 '~지역 건축가' 라는 식으로 한다고 하더라고요. 성공한 건축가(일을 잘하는 건축가)라 하면 국가적인, 세계적인 범위의 일을 해서 유명해진 건축가라고 인식되는 우리나라와는 많이 다른 것 같아요. 우리나라에는 왜 '지역을 대표하는' 혹은 '지역을 기반으로 하는' 건축가가 없나요?

A 산업혁명 이후 근대화 과정에서 특히 20세기 초반에 확립된 모더니즘과 '국제주의 양식'은 과학과 기술을 바탕으로 지역적인 특성보다는 보편성, 합리성을 기반으로 한 건축양식을 추구하게 되었습니다. 건물이 들어서는 장소에 관계없이, 비슷비슷한 형태와 획일적인 재료를 사용한 건물들이 여기저기 세워졌지요. 그러나 20세기 중반에는 이러한 현상에 대한 반성으로 지역을 연구하면서 오랜 역사를 존중하며 독자적인 문화의 뿌리를 이어가는 건축에 큰 관심을 두게 되었어요. 지리적 특성과 기후 등 지역의 풍토를 기반으로 고유성을 살리는 건축가들이 등장하고 오히려 세계적인 평가와 관심을 받게 되었습니다. 특히 북유럽과 남아메리카 등 여러 나라에서 유명한 건축가들이

나타났어요. 세계화라고 해서 일시적인 국제 사조나 유행을 맹목적으로 따라하는 것보다 지역의 환경과 특질을 살려 건축하는 가치가 우선하는 사회가 되어야 건축의 정체성과 문화가 올바로 살아납니다.

Q 건축가가 되고 싶은 고등학생입니다. 건축과 대학 진학을 위한 준비 외에 어떤 공부를 해야 할까요?

A 건축가는 인간이 삶을 영위하는 공간과 장소를 다룹니다. 그뿐만 아니라 주변과 자연으로부터 안전해야 하며 쾌적함까지 고려해야 합니다. 나아가 형태와 환경을 깊이 생각하며 작업해야 하지요. 여러 분야에 대한 인문적 소양을 쌓고 기술에 대한 폭넓은 지식과 경험을 갖추는 것이 필요하므로 역사와 지리, 사회와 경제, 과학과 기술, 문학과 예술 등 다양한 분야의 학문과 지식에 관심을 갖고 탐구하는 자세가 중요합니다. 전문적인 건축 공부 외에 일상적으로 시와 소설, 그림과 영화를 일상적으로 가까이하는 것도 좋은 방법이 되겠지요. 특히 여행은 도시와 장소를 이해하기 위한 좋은 공부입니다.

실천적 생각발명그룹 **시민행성**

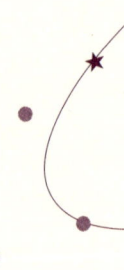

'생각할 때 시민이다'라는 캐치프레이즈를 내걸고 2013년 시작된 실천적 인문조직이다. 인문학자·작가·예술가·출판인 등을 주축으로 운영위원회가 구성되어 있으며, 인문정신의 공공성과 창의성을 사회적으로 실현·확산하기 위한 다양한 형식의 강의와 인문적 아이디어를 기획·발명·제안하고 있다. 시민일반, 기업, 학교, 도서관, 공공기관, 미술관, 지방자치단체, NGO, 지역사회 등 다양한 주체들과 함께 사회연대와 협업, 사회디자인의 새로운 인문적 모델을 모색·실천하고 있다. 현재 경복궁 근처 서촌에 자리 잡고 있으면서, 궁극적으로는 이 땅의 시민적 삶에 뿌리내린 실천적·창의적 시민인문예술학교로의 비상을 꿈꾸고 있다.